# 小学校・幼稚園教師の指導態度の研究

―― 受容的指導態度と要求的指導態度（AD論）――

嶋　野　重　行　著

風　間　書　房

# は じ め に

　1世紀前に活躍したドイツの教育学者のオットー・F・ボルノー（1903-1991年）は，子どもの成長は安心感を基底にし，教育過程での「出会い」の重要性を指摘した。学校教育において，子ども同士や教師との「出会い」はかけがえのないものである。自分の経験からして，人生の岐路に立ったとき担任教師との「出会い」とその後の人間関係はリアルに人生に影響を与えてきたと思っている。

　学級において担任教師は，ほぼ絶対的存在で1年〜3年間かかわらざるを得ない。小学校・中学校・高校時代は，あまり出会いの重要性を意識していたわけではないが，その後も自分の人格形成に影響を与えてきていると思う。「あの時に，あの先生との出会いがなければ，今の自分はない」などと，大人になった今でも学校時代の出来事が，時々思い出されるのである。

*

　じつは，教師と子どもの人間関係について研究の契機となったのは，小学校での教育実習であった。教育実習中の休み時間ともなれば，多くの子どもたちは私の周囲に集まってきてくれた。子どもたちの好奇のベクトルが私に向いていた。そんな子どもたちを受容することで，こちらから発せられる「〜してください」という要求のベクトルが，すんなりと子どもたちに受容されていると感じたのである。教師と子どもに人間関係という，それまでに掴みどころがないと思っていた心理的な事柄が，ふと見えたような気がしたのである。それが，本研究の出発となっている。

　また，特別支援学校で教員として働いていた頃，よく事例研究会があった。そこで，子どもの問題となる行動が話題となった。しかし，よく聞いてみると「問題」とする内容には，教師それぞれの価値観やそれまでの経験と結び

ついていることにも気がついた。つまり，子どもの同じ行動でも，大きく問題とする教師，あまり問題としない教師など，とらえ方が違うのである。さらに，教師のかかわり方によって，子どもの問題行動が強まったり，弱まったりする経験もした。これらのことがあって，子どもと教師の人間関係というテーマに関心が向けられた。

＊

さて，学校教育においては幼児・児童・生徒が教育の主体である。しかし，その教育での子どもの「学び」「学習」「経験」「体験」「活動」等に対して，人間関係を構築し，主体的な活動ができるように指導・支援していたのは教師である。このように考えると，学校教育の場において子どもの発達・成長にかかわる教師の影響は極めて大きいといえる。

しかし，教育の問題を論ずるときに子ども側に焦点を当てることは多いが，こと親や教師側を問題とすることは少ないと思われる。教師や親の心理は，子どもの心理に大きく影響しているに違いないのであるが，学校の立場では教師や家庭の問題に踏み込んで，子どもの生活上問題となる行動や学力の問題まで考えることは少ない。

あくまでも，学校・教室の範囲内で子どもの実態をとらえ，問題を解決しようと図ることになる。しかし，子どもの問題は，その子どもを取り巻くいろいろな物理的・人的環境を生態学的（エコロジカル）にとらえないことには，問題の本質は見えてこないのである。

本研究の前半では，この子どもに影響を与えている教師に注目し，教師態度と子どもの関係を検討し，教育的な影響を検討するのが目的である。

そのために，小学校での教育環境における教師と子どもの心理的な人間関係，特に受容（Acceptance；A教育機能）と要求（Demand；D教育機能）という観点（AD論）から教師の指導態度をとらえ，教育の場における教師と子どもの心理的な影響について考察した。

＊

研究の後半部分は，幼稚園の教育現場での教師と子どもの受容（A）と要求（D）の認知が「気になる子ども」への指導に与える影響をとらえたものである。

1988（昭和63）年に文部省（現在の文部科学省）は，いわゆる学校で教育問題となっていた「不登校」や「いじめ」，「学級崩壊」などの問題を解決するために，特別な支援を必要としている児童生徒の全国調査を行った。

その結果，通常の学級において指導に困難をともなう児童生徒は6.3％であるという数字が明らかになり，学校教育の場で通常の学級に在籍する発達障害（LD，ADHD，ASDなど）とそれが疑われる子どもたちが関係している可能性を指摘し，これまで支援を見逃しがちであった発達障害のある子どもへの理解と支援の必要性が明らかになった。以後，わが国はインクルーシブ教育（包み込む教育）を推進していくことになる。

この問題は，小学校や中学校の義務教育段階だけの問題ではない。同様に幼稚園や保育所には，発達障害やそれが疑われる「気になる子ども」（グレーゾーン）の存在が多く，スムーズな就学へと移行するためには，早期からの適切な理解と支援の対応が求められている。そのようなことから幼稚園教師の指導態度と発達障害や「気になる子ども」への認知傾向と支援との関連について考察した。

幼稚園教師にとって，どのような子どもが発達障害あるいは「気になる」行動特徴をもつと認知され，「気になる子ども」の行動特徴に対して，教師の受容（A）と要求（D）の態度をもって支援方略をとる傾向にあるのかを検討したものである。

＊

本書は，筆者が2014年1月に東京成徳大学大学院心理学研究科に提出した博士学位論文に加筆，修正を行ったものである。論文作成にあたって懇切丁寧にご指導をいただいた東京成徳大学大学院教授（現在，東京成徳大学学長，元日本教育心理学会理事長）・新井邦二郎先生，同じく勝倉孝治先生，中村真

理先生，石﨑一記先生，吉田富二雄先生，田村節子先生，井上忠典先生に心から感謝の意を表したい。本研究の重要な教師の指導態度のキー概念である受容（A）と要求（D）は上越教育大学大学院（修士課程）へ提出した修士論文がベースとなっており，当時の指導教官である勝倉孝治先生の勧めもあって，そのときの研究をより発展させたものとなった。

　そして，この AD 論を早い段階から着目していただき，多くの研究で使用し，激励をいただいた東京学芸大学名誉教授の松村茂治先生，東京都公立小学校教員の浦野裕司先生，栃木県公立小学校元教員の藤村　哲先生，富山県公立中学校教員の寶田幸嗣先生。そしてなによりも，本研究を進めるにあたり，調査にご協力していただいた全国の小学校・幼稚園の先生方に感謝申しあげたい。

　さらに，博士論文作成時に助言，分析でご指導いただいた岩手大学教授の山本　奨先生，物心ともに励ましていただいた東北福祉大学大学院教授の岡田清一先生，岩手大学名誉教授の菅原正和先生，大学へ導いていただいた高校時代の恩師・齋藤　實先生に本書を捧げたい。

　まだまだ多くの先生方や研究仲間のみなさんにアドバイスや温かい励ましの言葉を頂戴した。

　最後に，本書をこうして刊行できたのも風間書房社長の風間敬子氏のご理解と，編集を担当していただいた編集部の斉藤宗親氏によるものが大きい。記して感謝申しあげたい。


　2019年 6 月30日

嶋 野 重 行

# 目　　次

はじめに

第1章　問題と目的 …………………………………………………………… 1

　第1節　問題の所在 ………………………………………………………… 1

　第2節　研究の目的 ………………………………………………………… 2

第2章　研究1　教師の指導態度についての文献的研究 ……………… 5

　第1節　教師の指導態度の概念とその教育的機能 …………………… 5

　　1　態度の概念 …………………………………………………………… 5

　　2　教師の指導態度と学習指導・生活指導・学級経営 ……………… 7

　第2節　教師の指導態度における受容（A）と要求（D）の教育的機能

　　　　　の概念 …………………………………………………………… 10

第3章　研究2　小学校教師の AD 指導態度尺度の作成 …………… 13

第4章　研究3　小学校教師の AD 指導態度と教育的機能

　　　　　との関連 ………………………………………………………… 21

　第1節　小学校教師の AD 指導態度と児童との心理的距離の関係 …… 21

　第2節　小学校教師の AD 指導態度と「問題行動」認知との関係 …… 25

　第3節　小学校教師の AD 指導態度と学校ストレス，学校不適応感

　　　　　との関係 ………………………………………………………… 34

　第4節　小学校教師の AD 指導態度と self-esteem との関係 ………… 44

第5章　研究4　幼稚園教師の AD 指導態度尺度の作成 ················ 51

第6章　研究5　幼稚園教師の AD 指導態度と「気になる子ども」
　　　　　の認知との関係 ···················································· 65
　第1節　発達障害の歴史的経緯 ·············································· 65
　　1　発達障害について ······················································ 65
　　2　「気になる子ども」について ············································ 66
　第2節　幼稚園における「気になる子ども」の認知 ···················· 68
　　1　教育実習生の場合 ······················································ 68
　　2　幼稚園教師の場合 ······················································ 76
　　3　「気になる子どもチェックリスト」の作成 ···························· 79
　第3節　幼稚園教師の AD 指導態度と「気になる子ども」の認知との
　　　　　関係 ································································· 87

第7章　教師の AD 指導態度についての全体的考察と今後の展望 ····· 99
　第1節　全体的考察 ·························································· 99
　　1　小学校教師の AD 指導態度と教育的影響についての考察 ············· 99
　　2　幼稚園教師の AD 指導態度と教育的影響についての考察 ············· 102
　第2節　今後の展望 ·························································· 104

文献 ············································································· 107
APPENDIX ···································································· 123

# 第1章　問題と目的

## 第1節　問題の所在

　ギリシャの哲学者 Aristoteles（B.C300年頃）は，その著書『ニコマコス倫理学』で「人間は本性上市民社会的なものにできている」と述べているように，古代から人間は共同体動物，社会的動物であるととらえられて現代に至っている。つまり，人は自分以外の人とのやりとり，いわゆる他人との関係をとおして市民社会を形成し日常生活をしているのが，人間の本態であると考えられてきた。

　この人間社会において人間関係を形成する重要な役割を果たしているのがフォーマルエデュケーションといわれる学校教育である。一般的に教育の役割は，個別化（individualization）と社会化（socialization）であるといわれる。個別化とは，子ども個人が生まれながらにしてもっている能力を最大限に引き出し，子ども自身が育つことを支えたすけることにある。そして，社会化とは子どもに社会の文化様式を教え，社会人としての能力を習得させ，社会適応をうながし，自立できるように育てていくことである。この個別化と社会化の役割を果たしているのが学校教育であり，そこで中心的な機能をもち役割を担っているのが教師といえる。

　さて，社会の中で人間の心の自立という視点から子どもの教育を考えたとき，河合（1976）は日本文化にある母性原理と父性原理の存在を指摘する。母性原理とは母親のように子どもの存在を無条件に包み込む原理である。父性原理とは，父親のように子どもの自立をうながすために親子の関係を断ち切る原理である。この原理は日本社会の深層心理として家族の母親と父親が

役割としてもっている子育ての原理とされる。これを教育の原理にもあてはめ，日本での教師と子どもとの関係は父母と子の関係を基本とすると考えている。つまり，学校（家庭）の教師（父母）は子どもを無条件に受け入れ，子どもの育ちをあたたかく見守り，支援していくような母性原理に基づいたかかわり方と，子どもの自立に向けて社会の文化様式を教え込み，それまでの親子のような関係を徐々に切り離す父性原理に基づいたかかわり方の2つの教育的機能をもって教育の営みは行われるとする。そして，河合（1995）は子どもの病理現象の見方と同様に学校教育の病理現象を考えたとき，教師は学級の子ども一人ひとりに気を配り，あたたかく接しようとするが，教師に母性原理が強すぎるとクラス全体が家庭的な雰囲気の一体感をもつ一方で子どもを教師が「かかえこもう」としすぎて，無意識のうちに子どもの自立性を奪ってしまうとする。よって，そこに教育的な父性原理が必要となる。子どもを家庭から預かる学校教育では学校の教師が，母性原理と父性原理の両方をもちながら子どもの教育にかかわっていくことが大切なのである。この母性原理を受容的態度，父性原理を要求的態度と置き換えることができるのならば，学校教育において教師は子どもたちを教育するなかで，教師が受容的態度と要求的態度の2つの教育的機能を働かせながら，教育における子どもの個別化と社会化にかかわっていくことになり，教師の指導態度は教育的機能を考える上での重要な影響因子となっていると考える。

　つまり，子どもに教える教師にとっても，その教えを学ぶ子どもにとっても，学習への意欲を根底で支えている教師の指導態度があり，それが教育という作用に影響を与えていると考えるのである。

## 第2節　研究の目的

　幼稚園と小学校の学校教育において幼児児童（以下，子どもとするが，幼稚園児に限定する時は幼児，小学生に限定する場合は児童とする）が主役である。し

かし，その教育での子どもの「学び」「学習」「経験」「体験」「活動」等に対して子どもとかかわりをつくり，主体的なかかわりができるように指導・支援していくのは教師である。特に学校教育の場においても幼稚園の幼児期と小学校の児童期は子どもの心の発達・成長にかかわる教師の影響は大きいといえる。

　本研究の目的は，学校教育で教育実践の中心的な機能をもつ要（かなめ）である教師に注目し，教師の指導態度と子どもとの教育的な関係を明らかにし，相互の教育的な影響について検討することにある。そのために，小学校と幼稚園という教育環境における教師と子どもの心理的な人間関係，特に教師の受容（Acceptance：以下Ａとする）的態度と要求（Demand：以下Ｄとする）的態度の観点から教師の指導態度をとらえ，教育の場における教師と子どもの心理的な影響について考察する。

　小学校においては発達年齢から児童からの教師に対する評価が可能であるため，児童認知による教師態度をタイプ別に類型化し，その類型化された教師と児童の心理の要因を検討する。

　近年，幼稚園教師にとって多様な「気になる」行動特徴を示す子ども（発達障害と診断されている子どもを含む。以下，「気になる子ども」とする）がいる。その「気になる子ども」に対する支援のあり方が喫緊の課題ともなっている。「気になる」という教師の「気づき」から支援行動ははじまっている。

　そこで，幼稚園における「気になる子ども」の行動特徴を明らかにし，子どもに対する教師の支援行動から教師の指導態度との関連を検討する。そして，幼稚園においては発達年齢から幼児認知による教師評価は困難なため，教師の自己評価によって指導態度をとらえ，「気になる子ども」に対する支援行動から指導態度の関連を検討する。

# 第2章　研究1　教師の指導態度についての文献的研究

## 第1節　教師の指導態度の概念とその教育的機能

### 1　態度の概念

　心理学の分野で態度（attitude）は，行動傾向の説明概念としてとらえられ，社会的事象や事物に対して，好意的あるいは非好意的評価，感情，好意傾向をもつ持続した心的な体系，と定義される。態度は人の社会的行動の媒介役として，また行動を予測させるものとして，重要な心的概念である。その態度研究は，Allport（1935）から始まるとされる。

　事物や事象や人に対して個人が行動を選択する場合，それに対して影響を与える心の状態が態度であるから，それは心のなかの状態であるため日常の外見からは，はっきりみることができない。しかし，人のいろいろな場面での日常行動の観察をとおして，人それぞれの態度を知ることができる。

　さて，私たちは幼少の頃から多くの体験や経験をとおして肯定的，否定的な感情をもち，その人特有の心的状態を作り出している。そして，この心的状態は一人の態度を形成し，人の行動となって現れてくると考えられる。人は自分の周りにいる人たちによって，自分と関係の深いと考える人の行動を観察し，モデル化し，それによっていろいろな態度を学習する。幼児期から児童期にかけては，両親をはじめ特に身近な教育者である教師の態度が心的影響を及ぼしていると考えられる。態度と類似の概念としては，行動（behavior）がある。心理学でいう行動とは，内外からの刺激に対する生活体（人間や動物）の直接観察可能な反応のことである。

態度と行動の違いについて，Sherif & Cantril（1945）は，①態度は後天的に学習をとおして形成される反応の準備状態である。②態度は一定の対象または状態に関連して形成されるもので，常に主体─客体関係，すなわち自己対他の存在を含んでいる。③態度は情動的特性をもち，態度に基づく反応は常になんらかの情動的色彩をもち，価値あるいは好悪の感情を伴う。④態度は持続的である。それはいったん形成されるとかなり長期にわたって維持される反応傾向であるとする。

さらに，Rosenberg & Hovland（1960）によると態度は，特定の種類の対象に対して一定の仕方で反応する傾向性（predisposition）として，態度の構造は「認知」，「感情」および「行動」の3要素（components）から成るとする。

これらから，教師態度とは行動や反応そのものではなく，教育活動あるいは子どもとの関係を築くために，経験をとおしてつくりあげられた比較的永続する認知，感情および行動の傾向であるととらえることができる。教師は子どもと教育的活動をしているとき，それまでの経験をとおして，比較的永続する認知，感情のもとに子どもとの関係をもっている。教師が自分なりの意見や行動傾向を伴ってかかわっているときに態度は子どもに傾向性をもって認知されると考える。つまり，教師として実行しなければならない知識はあるが，何ら具体的な自分なりの意見や行動の傾向性が伴わない人の場合は，まだ態度が形成されていない段階といえる。学校の現場において多くの教師は，日常的に何らかの教育的意図や目的をもち，子どもたちの教育活動に携わっている。教師の心の意図や目的は学習指導，生活指導，学級経営などに行動として具体化し，実行されていれば，教師の態度は形成されていると考えられるのである。

次に，これまでに学校教育の学習指導，生活（児童生徒）指導，学級経営において，教師の指導態度がどのように研究されてきたのかを概観する。

## 2 教師の指導態度と学習指導・生活指導・学級経営

### （1） 学習指導

　教師の指導態度にかかわる初期的な研究は，Anderson & Brewer（1945）が教師行動を「支配的行動」と「融合的行動」に分けたことにはじまる。そして Withall（1949, 1952）は，教師行動を「学習者中心」と「教師中心」という概念で類型化した。さらに，Flanders（1960）は，教師が教育上及ぼす影響として「間接的影響」と「直接的影響」の2つの教師行動を分析している。

　学習指導においては，Rosenthal & Jacobson（1968）が自己成就予言のピグマリオン効果（pygmalion effect）という概念を提唱し，わが国では Brophy & Good（1974）の『教室の中のピグマリオン』を浜名・蘭・天根（1985）らが紹介し，教育における教師期待効果が広く教育現場でも認められるようになった。これにより，教師期待の教育に及ぼす影響の大きさが教育現場でも認知されるようになった。教師期待が態度や指導行動として現れ，子どもたちに対する教育効果として影響を及ぼすことが，その後の学校教育の研究に影響を与えたといえる。

　わが国では，竹下（1986）は学習時における教師態度と学習活動の関係について検討した。水本・吉田・安藤（2000）は，小学校の学級担任を対象に教師の算数指導観，学級経営観を調査し，児童個性重視型と社会性育成優先型の検討を行っている。そこから，担任教師の考え方が教科指導と学級経営の両面から児童に影響するという示唆を得ている。また，嶋野恵美子（2006）は児童の学習意欲に及ぼす影響を教師の指導態度及び親との愛着関係から検討している。さらに嶋野・嶋野（2008）は，小学校での算数学習と教師の AD 指導態度について検討し，学習意欲には教師の指導態度が影響を及ぼしているとした。これらの研究から，学級における子どもの心理的な側面に教師態度の影響力があることを得ている。角田（2009）は，生徒指

導・教育相談における教師のかかわり方を父性と母性の視点から考察している。さらに過去の教師の指導態度の研究から子どもに肯定的に影響を及ぼす教師の指導態度や教師行動との関連についてまとめている。これまでの研究によって得られた知見の多くは、教師の態度・行動が子どもたちの学習活動に対して肯定的行動の変化に影響を及ぼしているということである。

## （2） 生活指導

　教師の態度と生活指導にかかわる研究は，Wickman（1928）の"Childen's behavior and teachter's attitudes"の研究を契機として行われた。その研究は，教師と精神衛生家へ児童生徒の「問題行動」の重大性について評定させるものであった。この研究によって、教師と精神衛生家とは問題行動について、何を問題行動としてとらえるか、その問題行動の問題性について、認知の差があることを明らかにした。わが国においては、それを品川（1949）が「児童の問題性と教師」で紹介している。さらに、上田（1958）が児童の問題性に対する教師と精神衛生家の見解について述べている。子どもにかかわる立場によって、子どもの問題行動の問題性に対する見方が違うということで、その後の対応や指導の仕方に影響があることを述べている。

　学校における問題行動認知の視点から小川（1955）は、「内攻型教師」と「進攻型教師」に分類した。岸田（1967, 1968）が教師の教育的指導態度を児童の認知側面から「受容的認知」と「支配的認知」の2つの次元から受容的溺愛型、受容的教育型、客観的教育型、支配的教育型、支配的抑圧型の5タイプの教師に類型化している。清水（1983）は、現実的な子どもの対応として、学校教育を進めるうえでの教師の受容と要求態度の大切さを指摘した。寺田・片岡（1986）は児童生徒の期待する教師像として、否定型、理想型、厳格型、親密型、明朗型の5タイプに分類化している。それら教師のタイプが生徒指導に及ぼす効果について検討している。

　中学生の生徒指導にかかわって、木原（1987）は受容的態度だけで指導を

するだけでなく，要求的態度も重要であることを指摘している。そして，数量化Ⅲ類という手法によって，受容（A）と要求（D）の具体的な教師態度を分析し，生徒指導において AD 理論を提唱した。

## （3） 学級経営

Lewin（1935）が心理学の視点でリーダーシップ行動として「専制的」「放任」「民主的」の３つの型を提唱した。学校における学級集団構造から，Anderson（1939）によって学級集団の特性を直接反映する教師の指導性，リーダーシップ型の視点から検討されてきた。Cartwright（1960）らが「目的達成機能（Performance：P機能）」と「集団維持機能（Maintenance：M機能）」の２元でとらえる PM 理論を提唱した。

わが国では Lewin（1935）のリーダーシップ行動理論をもとに堀内（1963）が教師態度に当てはめて考察している。1980年代からは三隅（1966）のリーダーシップ行動の PM 論を手掛かりに教師を PM 型，P 型，M 型，pm 型の４タイプに分類して教育効果が検討されてきた。教師の指導態度は，学校教育における教師のリーダーシップ行動の研究として進められてきている。佐藤（1972），阿久根（1973）が教師のリーダーシップ行動に関して検討している。さらに，佐藤・篠原（1976）が教師のリーダーシップと学級意識および学級雰囲気の効果について検討した。吉崎・三隅（1977）が教師の PM 行動測定尺度を作成し，教師のリーダーシップ行動と教育的影響を考察している。三隅・吉崎・篠原（1977）は教師のリーダーシップ行動とスクールモラールとの検討をしている。さらに，吉崎（1978）はリーダーシップ行動の教師の自己評定と児童評定の関連について，田崎（1981）は教師の源泉との関連を検討している。佐藤・服部（1993）は吉崎・三隅（1977）のリーダーシップ PM 類型に従って小学校担任教師の指導性を分類し，P 型指導かM型指導のみ，あるいはいずれの指導型もとらない pm（スモール・ピーエム）型指導に比べ，P 型指導とM型指導の双方を実施する PM（ラージ・ピーエム）型の教

師の学級の方が学級連帯性および児童の学習意欲が高いことを示した。教育
において教師の指導態度の研究は主に学校教育の学習指導や生徒指導におい
て取り上げられてきた。教師は学級の子どもたちを教育上指導する集団のリー
ダーとして考えられ，児童生徒はフォロアーとしての位置づけで，教師の
リーダーシップ理論を参考に学級経営について研究がなされてきたのである。

　また，80年代は学校教育現場での「不登校」の増加に伴い，子どもの「問
題行動」に対する生徒指導の必要性やカウンセリング手法の教育現場への導
入にかかわって，教師の指導態度の重要性が認識されるようになってきた。
子どもと教師の人間関係を考えるとき，教師が教育的活動をしていくために
必要な心理的な人間関係があり，そこには子どもと関係を築いていこうとす
る傾向としての教師の指導態度を明らかにする必要があったといえる。

　さらに，近年では学級集団のフィールドワークという視点から学級経営の
問題をダイナミックスにとらえようとする研究が行われている。松村・浦野
(2000，2001) は，学級経営の視点から教師の指導態度と子どもへの影響につ
いて検討し，受容的態度の重要性について明らかにしている。児童の指導に
関して，浦野 (2001) は，荒れる学級の立て直しにおいては，第三者を介し
てコンサルテーションを行い，受容感の低い児童の教師の指導態度の認知を
変えることで，教師との関係を改善することにより学級経営がうまくいくこ
との実証的研究を行っている。

　このように教師の態度をある観点から類型化し，その教育的な効果を検討
する研究が行われてきている。


## 第2節　教師の指導態度における受容（A）と要求（D）の教育的　　　　機能の概念

　学校教育における教育活動は，日々の授業などの学習活動と給食，掃除の
教育的活動や学級・クラブ活動などの特別活動等を中心に営まれている。教

育活動においては，教師と子どもの人間関係は重要な要素となっているといえる。そして，あらゆる教育活動において教師と子どもの信頼関係が十分に築かれていないと教育的な支援や指導をすることは難しい。

　つまり，教師は子ども一人ひとりの独自なものの見方や考え方，感じ方を理解するように努めたうえで，共感的理解を大切にし，信頼関係を構築し教育活動を展開していくことが必要になってくる。信頼関係を築く基本となる人間関係で教師の指導態度は重要と考えられる。

　本研究では，教師の指導態度で共感的な態度の教育的機能を受容的（A）指導態度と考えた。また，社会的なしつけ，学習を教授することや社会の文化を継承し，社会的な価値を子どもたちに伝えていく機能を要求的（D）指導態度と考えた。学校教育の中でこのような2つの教師の指導態度が教育的機能として働き，教師は子どもとの信頼関係をつくり，日々の教育活動を遂行していると考えることができる。

　さて，受容的（A）指導態度についてのとらえ方は，わが国のカウンセリングに大きな影響を与えた Rogers（1957）のカウンセリングの重要な態度である受容（acceptance）が参考となる。Rogers は受容について三条件があることを指摘する。一つはカウンセラーがクライエントの考えや行動を無条件に理解する（unconditional positive regards）こと。2つは，相互の理解が一致（congruence）していること。3つは，共感的理解（empathic understanding）を示すことが必要とする。この三条件に裏付けられたカウンセリング理論は，来談者中心療法（Client-Centered Therapy）と呼ばれる。この Rogers のカウンセリング理論というのは佐治・飯長（2011）によれば，人生において出会う問題の多くはあくまでも来談者本人によって解決されなければならなく，そこでカウンセラーにとって大切なことは，クライエントを受容することであるとする。

　これをカウンセラーから学校教育の教師に置き換えて考えると，教師は子ども本人の主体性を大切にし，その子どものあるがままの姿を認めていく，

受容的（A）態度でかかわっていくことが求められるのである。教師が子ども
もを受容的にかかわることで，子どもは人との共感性，信頼感を育くみ，自
立していく心の基盤を育てていくことになると考えられる。

　さて，もう一方の要求的（D）指導態度とは，この社会にかかわる文化的，
規範的な要素を教え諭していく原理といえる。McClelland（1987）は，経済
活動での人間心理から動機づけ（motivation）の内的・外的要因として要求と
誘因の2つの側面があるとする。要求（needs）は内的な生理的要因と外的
な社会的要因の2つに分類できる。これを学校の教師で考えるとき，一つの
側面は子どもにいろいろなことを教えたい，指導したいという内的な欲求と
しての他者に対する要求（demands）がある。2つは教師が子どもを指導し，
社会の文化様式を教え導いていき，社会的にも価値のある人材へと育ててい
きたいという指導的側面という他者に対する要求がある。このような2つの
側面をもつ要求は，教育という営みをとおして子どもたちを成長・発達させ
ていく上で大切な教育的機能と考えられ，教師の要求的（D）態度といえる
ものである。

　学校教育において，教師は子どもに対し受容的（A）態度で接するととも
に，合わせて要求的（D）態度も合わせもち，この2つの教育的機能をバラ
ンスよく働かせることで教育が成立しているととらえることができる。

　以上から，受容的（A）態度と要求的（D）指導態度の概念について，受
容的（A）指導態度はRogers（1957）のカウンセリング理論，木原（1982a,
1982b, 1982c）の学校教育の生徒指導や河合（1976, 1995）の母性原理を参考
にすれば，「相手を認める心の働き。共感し，他者の存在をあるがままに認
めよう」とする傾向性ととらえることができる。そして，要求的（D）指導
態度はMcClelland（1987）を参考にすれば，「相手を育てたい」，「相手がこ
のようにあってほしい」という内的欲求，教師の使命・役割としての外的要
因の「発達・成長をたすけたい」といった教師の願いや求めの傾向性ととら
えることができる。

# 第3章　研究2　小学校教師のAD指導態度尺度の作成

## 1　問題

　小学校の教育は文部科学省の告示する『学習指導要領』の基準にもとづいて各教科・領域が実践されている。実際には年間をとおして教育内容の配列と時間の配分等が決められている教育課程（Curriculum）によって組織的に教育活動が行われている。子どもらは登校してから，その多くを教師の指導のもとに諸活動をする。つまり，登校してから朝の会，国語，算数などの教科は，教師の指導のもとに主体的な学びが展開され学びを深める。授業の他にも給食，掃除や課外活動，業間休みや昼休みなどもあり，そこで外遊びや室内遊びが行われ子ども同士で教科の知識技能態度とはまた別な人間関係も学んでいる。授業・特別活動などの学校の教育活動全般をとおして教師は，子どもの人間性を認めたり，共感をもって受け入れたり，活動や学びがさらに広がるようにいろいろな支援を行っている。また，社会や集団活動のルールや基本的な日常習慣にかかわる事柄を教え，厳しく指導を行う場合もある。教師は毎日の学校活動をとおして子どもたちにいろいろな指導行動でかかわっていると考えられるため，小学校においては学級児童の教師評価によって教師の指導態度を明らかにし，子どもとの教育的機能を検討する。

　そこで，本研究では小学校教師の受容的（A）態度と要求的（D）態度を明らかにする尺度を作成する。

## 2　目的

　小学校教師のAD指導態度測定尺度（以下，AD尺度）を作成し教師のAD指導態度が教育的活動に及ぼしている教育的影響を検討する。そのために，

14

子どもの認知する教師の受容的（A）指導態度と要求的（D）指導態度を測
定する AD 尺度を作成する。

## 3　方法

### （1）　項目の選定

　AD 尺度項目の選定に当たっては，小学校での 1 日の活動の流れに沿って，
教師の AD と考えられる事項を収集し，それを小学校 2 名の現役教師と研
究者 6 名によって検討した。教育活動場面の流れは「授業」「授業外生活指
導」「休み時間」「HR」「給食」「掃除」「登校・放課後」の 7 場面とした。そ
の結果，41項目が収集された（Table 1）。

### （2）　調査対象

　A県公立 B 小学校 5 年201名（5 名の学級担任教師）。C県公立 D 小学校 4 年
201名（5 名の学級担任教師）の合計402名（10名の学級担任教師）の小学生に対
して 5 件法（「ぜんぜんあてはまらない」（1 点）～「とてもあてはまる（5 点）」）
による調査を実施した（APPENDIX 1-1）。

### （3）　調査時期

　1988年 2 月上旬。

### （4）　手続き

　調査は郵送により，校長をとおして無記名方式で，学級ごとに担任教師に
よって実施された。その際，担任が質問事項を 1 問ずつ読み上げ，そのつど
児童が記入する方式をとり，回答は学級ごとに密封され学校ごとに返送され
た。

第3章 研究2 小学校教師の AD 指導態度尺度の作成 15

## Table 1 教育活動場面で想定した AD 項目（小学校）

| 教育活動<br>場面 | 態度 | No. | 項　目　内　容 |
|---|---|---|---|
| 授業 | A項目 | 1 | 先生は授業で答えたあなたの意見を大切にしてくれますか |
| | | 2 | 先生はあなたがじょうずにできるとほめてくれますか |
| | | 3 | 先生は発表しない人のことも考えて授業をすすめてくれますか |
| | | 4 | 先生はあなたが授業でうまくいえないときでもわかってくれますか |
| | | 5 | 先生は授業でわからないところがあると，わかるまで教えてくれますか |
| | | 6 | 先生はあなたのノートを読んだとき，返事を書いてくれますか |
| | | 7 | 先生は授業中に，あなたが答えるまで待ってくれますか |
| | | 8 | 先生はあなたの，ていしゅつ物をていねいに見てくれますか |
| | D項目 | 9 | 先生は家庭学習をよく出しますか |
| | | 10 | 先生は授業中にさわいだりすると注意しますか |
| | | 11 | 先生はノートをきれいに書くようにいいますか |
| | | 12 | 先生は授業中には話をよく聞くようにいいますか |
| 授業外の<br>生活指導 | A項目 | 13 | 先生はあなたたちに先生自身のことについてもお話をしてくれますか |
| | | 14 | 先生はあなたが学校を休むと心配しますか |
| | | 15 | 先生はあなたたちがうれしいときには，一緒になってよろこんでくれますか |
| | | 16 | 先生はあなたが悩みや困ったことがあったとき，相談しやすいですか |
| | | 17 | 先生はあなたの家庭の様子を気にかけてくれますか |
| | | 18 | 先生はあなたたちのやりたいことを，よく聞いてくれますか |
| | D項目 | 19 | 先生はれいぎ正しくするようにいいますか |
| | | 20 | 先生はふざけると，しかりますか |
| | | 21 | 先生は清潔にするようにいいますか |
| | | 22 | 先生は忘れ物をしないようにいいますか |
| | | 23 | 先生はきまりを守るようにいいますか |
| | | 24 | 先生は物を大切にするようにいいますか |
| | | 25 | 先生は人にめいわくをかけないようにいいますか |
| | | 26 | 先生は身のまわりを整理，整とんするようにいいますか |

| | | 27 | 先生は時間を守るようにいいますか |
|---|---|---|---|
| 休み時間 | A項目 | 28 | 先生はあなたに廊下などで声をかけてくれますか |
| | | 29 | 先生は休み時間にあなたたちと，いっしょに遊んでくれますか |
| | D項目 | 30 | 先生は友達となかよく遊ぶようにいいますか |
| | | 31 | 先生は外や体育館で遊ぶようにいいますか |
| HR・朝の会・帰りの会 | A項目 | 32 | 先生はあなたの体のぐあいが悪いと声をかけてくれますか |
| | D項目 | 33 | 先生は係の仕事をしっかりと，やるようにいいますか |
| 給食 | A項目 | 34 | 先生は給食の時間に，みんなといろいろなお話をしますか |
| | | 35 | 先生は給食の時間にあなたたちの席のなかに入って食べますか |
| | D項目 | 36 | 先生は給食を残さずに食べるようにいいますか |
| | | 37 | 先生は給食のあとかたづけを，しっかりとするようにいいますか |
| 掃除 | A項目 | 38 | 先生は掃除を一緒にしてくれますか |
| | D項目 | 39 | 先生は掃除をきれいにするようにいいますか |
| 登校・放課後 | A項目 | 40 | 先生はあなたがあいさつすると，気持ちよくあいさつをしてくれますか |
| | D項目 | 41 | 先生は帰りの会に一日の反省をさせますか |

## 4　結果と考察

　本調査による分析は主成分分析のあと因子分析（バリマックス回転）を行った。

　その結果，想定していた受容的（A）と要求的（D）な項目の2因子に分かれた。第1因子には「先生はあなたたちがやりたいことを，よく聞いてくれますか（0.750）」，「先生はあなたが悩みや困ったことがあったとき相談しやすいですか（0.736）」，「先生はあなたがじょうずにできるとほめてくれますか（0.644）」などの項目に高い負荷量があった。

　また，第2因子には「先生はきまりを守るようにいいますか（0.767）」，

## Table 2　小学校教師の AD 項目の因子分析結果

| 項　　目 | 因子 1 | 因子 2 | 共通性 |
|---|---|---|---|
| 先生はあなたたちのやりたいことを，よく聞いてくれますか | 0.699 | 0.232 | 0.543 |
| 先生は給食の時間に，みんなといろいろなお話をしますか | 0.688 | 0.069 | 0.478 |
| 先生はあなたが悩みや困ったことがあったとき，相談しやすいですか | 0.666 | 0.155 | 0.467 |
| 先生は授業で答えたあなたの意見を大切にしてくれますか | 0.641 | 0.353 | 0.536 |
| 先生はあなたのノートを読んだとき，返事を書いてくれますか | 0.638 | 0.087 | 0.415 |
| 先生はあなたたちがうれしいときには，一緒になってよろこんでくれますか | 0.620 | 0.373 | 0.524 |
| 先生は授業でわからないところがあると，わかるまで教えてくれますか | 0.605 | 0.432 | 0.553 |
| 先生は掃除を一緒にしてくれますか | 0.592 | 0.143 | 0.371 |
| 先生は授業中に，あなたが答えるまで待ってくれますか | 0.580 | 0.142 | 0.357 |
| 先生はあなたがあいさつすると，気持ちよくあいさつをしてくれますか | 0.575 | 0.378 | 0.473 |
| 先生は発表しない人のことも考えて授業をすすめてくれますか | 0.571 | 0.316 | 0.425 |
| 先生はあなたが学校を休むと心配しますか | 0.569 | 0.233 | 0.378 |
| 先生はあなたが授業でうまくいえないときでもわかってくれますか | 0.559 | 0.420 | 0.489 |
| 先生は給食の時間にあなたたちの席のなかに入って食べますか | 0.589 | − 0.225 | 0.341 |
| 先生はあなたの家庭の様子を気にかけてくれますか | 0.536 | 0.292 | 0.373 |
| 先生はあなたがじょうずにできるとほめてくれますか | 0.534 | 0.273 | 0.359 |
| 先生はあなたの，ていしゅつ物をていねいに見てくれますか | 0.530 | 0.351 | 0.405 |
| 先生はあなたに廊下などで声をかけてくれますか | 0.516 | 0.303 | 0.359 |
| 先生は友達となかよく遊ぶようにいいますか | 0.510 | 0.406 | 0.425 |
| 先生はあなたの体のぐあいが悪いと声をかけてくれますか | 0.506 | 0.332 | 0.367 |
| 先生はきまりを守るようにいいますか | 0.161 | 0.754 | 0.595 |
| 先生は忘れ物をしないようにいいますか | 0.186 | 0.724 | 0.559 |
| 先生は係の仕事をしっかりと，やるようにいいますか | 0.171 | 0.716 | 0.542 |
| 先生は物を大切にするようにいいますか | 0.313 | 0.669 | 0.545 |
| 先生は掃除をきれいにするようにいいますか | 0.270 | 0.654 | 0.501 |
| 先生は授業中には話をよく聞くようにいいますか | 0.281 | 0.654 | 0.507 |
| 先生は清潔にするようにいいますか | 0.295 | 0.636 | 0.491 |
| 先生は人にめいわくをかけないようにいいますか | 0.303 | 0.629 | 0.488 |
| 先生は給食のあとかたづけを，しっかりとするようにいいますか | 0.316 | 0.605 | 0.466 |
| 先生は身のまわりを整理，整とんするようにいいますか | 0.282 | 0.692 | 0.430 |
| 先生はれいぎ正しくするようにいいますか | 0.298 | 0.553 | 0.394 |

| | | | |
|---|---|---|---|
| 先生は授業中にさわいだりすると注意しますか | 0.069 | 0.531 | 0.287 |
| 先生はふざけると，しかりますか | −0.001 | 0.483 | 0.233 |
| 先生は外や体育館で遊ぶようにいいますか | 0.366 | 0.477 | 0.361 |
| 先生はノートをきれいに書くようにいいますか | −0.040 | 0.455 | 0.309 |
| 先生は時間を守るようにいいますか | 0.402 | 0.399 | 0.320 |
| 先生は給食を残さずに食べるようにいいますか | 0.272 | 0.393 | 0.228 |
| 先生はあなたたちに先生自身のことについてもお話をしてくれますか | 0.489 | 0.273 | 0.267 |
| 先生は帰りの会に一日の反省をさせますか | 0.253 | 0.175 | 0.095 |
| 先生は休み時間にあなたたちと，いっしょに遊んでくれますか | 0.480 | 0.157 | 0.255 |
| 先生は家庭学習をよく出しますか | 0.162 | −0.092 | 0.035 |
| 因子寄与 | 8.557 | 7.889 | |
| 累積寄与率 | 20.90% | 40.10% | |

因子間相関

| | | | |
|---|---|---|---|
| 第1因子 | 1 | 0.470 | *** |
| 第2因子 | 0.470 | 1 | *** |

\*\*\**p*< .001

「先生は忘れ物をしないようにいいますか (0.763)」，「先生は係の仕事をしっかりとやるようにいいますか (0.760)」などの項目が高い負荷量を示していた。さらに，1因子に0.450以上，他因子で0.400未満の因子負荷量のある項目で解釈を行った結果，第1因子は「受容的（A）」指導態度，2因子は「要求的（D）」指導態度の因子と命名された（Table 2）。

なお，第1因子の因子寄与8.557，第2因子7.889，累積寄与率は40.1％で，十分な説明力をもつものと思われた。因子間相関は.470で，I－T相関により内的整合性が検討され，AD の10項目ずつ計20項目が尺度項目として採用された（Table 3）（APPENDIX 1-2）。

児童の教師評価によって，教師の受容的（A）態度と要求的（D）態度が明らかになり，教師の AD 尺度を作成することができた。これで，教師の指導態度が学校生活で「教育的機能として存在している」ことが認められた。

尺度項目の内容を検討すると，教師指導態度で共感的な態度の教育的機能

Table 3　小学校教師の AD 尺度内の内的整合性（I‐T 相関）

| A尺度項目 | 相関 | |
|---|---|---|
| 先生はあなたがじょうずにできるとほめてくれますか | 0.644 | *** |
| 先生はあなたが学校を休むと心配しますか | 0.666 | *** |
| 先生は給食の時間に，みんなといろいろなお話をしますか | 0.678 | *** |
| 先生は掃除をいっしょにしてくれますか | 0.665 | *** |
| 先生はあなたたちがうれしい時には，いっしょになって喜んでくれますか | 0.733 | *** |
| 先生はあなたが悩みや困ったことがあったとき，相談しやすいですか | 0.736 | *** |
| 先生はあなたの家庭の様子を気にかけてくれますか | 0.665 | *** |
| 先生はあなたのノートを読んだとき，返事を書いてくれますか | 0.671 | *** |
| 先生は授業中に，あなたが答えるまで待ってくれますか | 0.641 | *** |
| 先生はあなたたちのやりたいことを，よく聞いてくれますか | 0.750 | *** |
| **D尺度項目** | | |
| 先生はれいぎ正しくするようにいいますか | 0.656 | *** |
| 先生は授業中にさわいだりすると注意しますか | 0.603 | *** |
| 先生はふざけると，しかりますか | 0.505 | *** |
| 先生は係の仕事をしっかりとやるようにいいますか | 0.760 | *** |
| 先生は掃除をきれいにするようにいいますか | 0.737 | *** |
| 先生はノートをきれいに書くようにいいますか | 0.536 | *** |
| 先生は授業中には話をよく聞くようにいいますか | 0.721 | *** |
| 先生は忘れ物をしないようにいいますか | 0.763 | *** |
| 先生はきまりを守るようにいいますか | 0.767 | *** |
| 先生は身のまわりを整理，整とんするようにいいますか | 0.705 | *** |

$***p < .001$

を受容的（A）態度の教育機能と考えられた。受容的（A）指導態度は「子どもの育ちを認めようとする心の働き。共感する，子どもの存在をあるがままに認めようとする思い」である。

　また，社会的なしつけ，学習を教授することや社会の文化を継承し，社会的な価値を子どもたちに伝えていく機能を要求的（D）態度の教育機能と考えられた。要求的（D）指導態度は「子どもに対する働きかけ」，つまり「～してほしい」，「～しなさい」といった指導・教授的な機能のことである。

このような2つの態度の教育的機能が働き，教師は子どもとの信頼関係をつくり，日々の教育活動を遂行していると考えられ，子どもの育ちに何らかの心理的な影響を与えていることがうかがわれた。

　本研究においてこの教師の2つの指導態度が明らかになったことにより，子どもと教師の人間関係的な視点による学校教育の諸活動での心理的要因を検討，考察することが可能になったと考える。

# 第4章 研究3 小学校教師のAD指導態度と教育的機能との関連

小学校での「いじめ」「不登校」「学級崩壊」などの問題は，学校教育のとりわけ児童と教師にとって深刻な問題となっている。これら生徒指導上の問題を考えるとき，心理的距離，学校ストレス，不適応感，self-esteem（自尊感情）等が重要な心理的要因となる。これらの要因と教師のAD指導態度との関連を明らかにすることによって，教育的機能の向上を図ることが可能となると考えられた。

## 第1節 小学校教師のAD指導態度と児童との心理的距離の関係

### 1 問題

学校生活の基盤となっている教師と児童の人間関係の分析は教育の質を高めていくうえで，意味のあることと考えた。そこで，教師のAD指導態度と児童との心理的距離について検討する。

心理的距離とは，人と人とのコミュニケーション場面において，自分と他者の間には，何らかの隔たり感や距離感が存在する。一般に前者は「対人距離」，後者は「心理的距離」と呼ばれている。

対人距離の研究の基礎となっているものに，パーソナル・スペースの研究がある。Little（1965）によれば，パーソナル・スペースとは，個人を直接に取り囲んでいる領域であり，その個人の対人交渉や対人関係がほとんどその場で営まれる個人空間を指す。また，相手との心理的距離が接近していれば，対人関係場面において相手との間に設定される対人距離も小さくなることを

明らかにしている。Halle（1970）は，自己というものの境界は身体の外部まで広がっていることを指摘した。

わが国では，山口（1989）が心理的距離とは，ある人とある人との間に存在する二者間の親密度，疎遠感，親和性の度合いを示す概念であるとした。山口（1992），山口・米田・原野（1993）は，心理的距離を及ぼしている要因として，教師の人格的特性，カウンセラー的資質や力量，教師の指導的態度などをあげている。そして，中学校教師の指導態度を「生徒受容型」と「教師指導型」の2つに分類し，その心理的距離を測定している。その結果，教師を受容型と認知している生徒の方が心理的距離は親密であると認知していることを明らかにしている。小学校においても同様の傾向があることが想定された。

## 2　目的

小学校教師側の指導態度に焦点を当て，児童の認知する教師の受容的（A）指導態度および要求的（D）指導態度と心理的距離について次の2点を検討する。

①児童が担任教師の指導態度をどのように認知しているのかを明らかにし，その認知傾向と心理的距離との関係について検討する。

②児童が期待する教師の指導態度と児童が認知する指導態度のズレについて明らかにし，心理的距離との関係について検討する。

## 3　方法

### （1）　調査対象

A県公立B小学校5・6年生170名。

### （2）　調査時期

1997年12月上旬～中旬。

## （3） 材料

①「AD 尺度（改訂版）」：寶田・勝倉（1995）の研究による，36項目（A＝18項目，D＝18項目）としたものである。この尺度は嶋野（1989a）により作成された AD 尺度に Rogers（1957）の三条件を考慮して作成されたものである。5件法（「そう思わない」（1点）〜「そう思う」（5点））を採用した（APPENDIX 2）。

②「AD 期待測定尺度」；嶋野（1989a）の小学校教師の AD 尺度を参考に，寶田（1995）の中学校教師の指導態度測定尺度項目から選定した①で使用した36項目からなる尺度で，児童が期待する指導態度を測るため回答は5件法（「そうしてほしくない」（1点），「どちらかといえばそうしてほしくない」（2点），「どちらともいえない」（3点），「どちらかといえばそうしてほしい」（4点），「そうしてほしい」（5点））とした。

③「心理的距離スケール」；山口・吉澤・原野（1989）によって作成された心理的距離スケールに基づき作成した（APPENDIX 3）。

評定は一番近いものを1点とし，一番遠いものを10点とした。比較対象として「最も親しい友人」「校長先生」「保健の先生」についての心理的距離を求めた。


## （4） 手続き

調査は郵送により，学校長をとおして無記名方式で，学級ごとに担任教師によって実施された。その際，担任が質問事項を1問ずつ読み上げ，そのつど児童が記入する方式をとった。回答は学校ごとに密封され返送された。


## 4 結果と考察

最初，教師の AD 指導態度の平均値・標準偏差（*SD*）を求めた。A得点＝64.42（*SD*＝13.38），D得点＝74.93（*SD*＝8.99）であった。これを基準として教師の児童認知の類型化を行った。その結果，AD 型＝62人（37％），A

Table 4-1 小学校教師の AD 得点 H 群・L 群別，心理的距離得点の平均値と標準偏差

| 受容（A） | 要求（D） | 人数 | 平均値 | 標準偏差 |
|---|---|---|---|---|
| H群 | H群 | 62 | 3.26 | 2.02 |
| H群 | L群 | 26 | 3.38 | 1.39 |
| L群 | H群 | 30 | 6.53 | 2.64 |
| L群 | L群 | 52 | 5.54 | 2.22 |

Table 4-2 小学校教師の AD 得点と心理的距離得点の分散分析表

| 要因 | 平方和（SS） | 自由度（df） | 平均平方和（MS） | F 値 | |
|---|---|---|---|---|---|
| 受容（A） | 275.07 | 1 | 275.07 | 60.85 | ** |
| 要求（D） | 7.04 | 1 | 7.04 | 1.56 | n.s. |
| A×D | 11.74 | 1 | 11.74 | 2.6 | n.s. |
| 誤差 | 764.17 | 166 | 4.52 | | |
| 全体 | 1058.02 | 169 | | | |

$**p<.01$

型＝26人（15%），D型＝30人（17%），ad 型＝52人（31%）であった。

　次に，AD 指導態度の A と D の高群（H 群）と低群（L 群）に分けた。児童の認知する教師の指導態度と心理的距離との関係について検討するために，教師の AD 指導態度の各群の心理的距離の得点の平均値及び標準偏差を求め，分散分析を行った（Table 4-1, Table 4-2）。

　その結果，教師の受容的（A）態度において心理的距離の平均値の差が有意であった。つまり，児童が認知する教師の受容態度の度合いによって心理的距離が左右されることが示された。

　さらに，児童の期待する教師の指導態度と児童の認知する指導態度のズレの大きさと心理的距離との関係について検討するために，A 得点差の大群と小群，D 得点差の大群と小群の平均値と標準偏差を求め，分散分析を行った（Table 5-1, Table 5-2）。

　その結果，教師の受容的（A）態度，要求的（D）態度ともに有意な差があった。つまり，期待と態度の認知のズレの大きさは受容的（A）態度，要

Table 5-1　小学校教師の AD 得点差と心理的距離得点の平均値と標準偏差

| 受容（A） | 要求（D） | 人数 | 平均値 | 標準偏差 |
|---|---|---|---|---|
| 大 | 大 | 31 | 6.52 | 2.55 |
| 大 | 小 | 29 | 4.86 | 2.28 |
| 小 | 大 | 30 | 5.10 | 2.81 |
| 小 | 小 | 80 | 3.47 | 1.83 |

Table 5-2　小学校教師の AD 得点差と心理的距離得点の分散分析表

| 要因 | 平方和（$SS$） | 自由度（$df$） | 平均平方和（$MS$） | $F$ 値 | |
|---|---|---|---|---|---|
| A（受容）得点差 | 69.8 | 1 | 69.8 | 13.9 | ** |
| D（要求）得点差 | 95.51 | 1 | 95.51 | 19.01 | ** |
| A×D | 0.01 | 1 | 0.01 | 0.00 | *n.s.* |
| 誤差 | 892.7 | 166 | 5.02 | | |
| 全体 | 1058.02 | 169 | | | |

$**p<.01$

求的（D）態度ともにズレが小さい時には「近い」と感じられており，ともに大きい時には「遠い」と感じられていることが示された。

　以上の結果から，教師の受容的（A）態度は児童と教師との心理的距離と関係が深いということが認められた。そこで，教師と児童の間で，よりコミュニケーションを図り，児童と教師との相互理解を深めていくことが大切であると思われた。

## 第 2 節　小学校教師の AD 指導態度と「問題行動」認知との関係

### 1　問題

　小学校の児童の問題行動について，どのような行動を問題行動とするか，いわゆる教師によって問題視する傾向や度合いは違うと思われる。問題行動への見方は，その後の児童生徒指導のあり方に影響を与えると考える。

児童のどのような行動を問題行動としてとらえるかは，教師の教育観によって異なってくることであるが，教育活動を展開していく上で，多くの教師に共通に意識化されてとらえられている行動が，問題行動ととらえることができる。問題行動を考える視点としては，主な視点は司法的な立場，医学的な立場，社会的・教育的立場からとらえられてきている。学校でよくみられる非行や怠学，万引き，暴力などは，反社会的（antisocial）な問題行動としてとらえられてきた。

　一方，神経症的症状や緘黙，引っ込み思案などは，非社会的（un-social）な問題行動としてとらえられてきた。そして，Wickman（1965）によれば，学校の教師は心理臨床家と比較して，非社会的問題行動より反社会的問題行動を問題視するという傾向にあるとする研究結果を得ている。

　現在，学校での「いじめ」や「不登校」について，どの程度を問題視するかは，その後の指導のあり方に影響を与える。これは，問題行動についての問題視する度合い（以下，問題性）によって，その後の指導のあり方に影響を及ぼすと考えられる。

　そこで，本研究では受容的（A）指導態度と要求的（D）指導態度の違いのある教師によって，その問題行動認知の問題性に差があるのかを検討する。

## 2　目的

　小学校教育において「問題行動」という用語は多義的に使われている。教師が児童のどのような行動を問題として認知するかは，教師によって異なると思われる。そこで，本研究の目的は次の2点とした。

　①小学校教師において教師が認知する子どもの「問題行動」について明らかにする。

　②教師のAD教師態度と児童の「問題行動」認知の関係を明らかにする。

## 3　方法

### （1）　調査対象

①「問題行動」項目の収集：A県・B県公立小学校教師60名。

②A県4つの公立小学校4, 5, 6年生40学級1,564名。学級担任40名の教師。

### （2）　調査時期

1988年6月下旬。

### （3）　材料

①「問題行動」項目の収集のための教師に対する自由記述アンケート調査（APPENDIX 4）。

② AD尺度：嶋野（1989a）によって作成された尺度。5件法（「ぜんぜんあてはまらない」（1点）〜「とてもあてはまる」（5点））を採用した。

③「問題行動尺度」。教師の自由記述アンケート調査によって「問題行動」として選定した，非社会的問題行動と反社会的問題行動の各5項目計10項目。問題性が低い順に「全く問題ない」（1点）〜「非常に問題がある」（9点）の9件法を採用した。この尺度は，材料①の教師に対する自由記述アンケート調査の結果に基づいて，現職の小・中・高・特別支援学校教諭各5名と大学研究者1名によって，非社会的問題行動と反社会的問題行動の各5項目計10項目を問題行動認知項目とした。また，偽項目として，①「自殺をする」という項目を一番の項目として入れた。これは，自殺するということは，教育者の誰からみても「非常に問題がある」項目であり，それが問題行動全体を評価する上での基準になると考えたからである（APPENDIX 5）。

（4） 手続き

　①と③の調査は教師に対して，学校長をとおして実施した。

　②の調査は無記名方式で，学級ごとに担任教師によって実施された。その際，担任が質問事項を1問ずつ読み上げ，そのつど児童が記入する方式をとった。

## 4　結果と考察

（1）　自由記述アンケート調査の結果と「問題行動尺度」の作成

　小学校教師への自由記述アンケートの結果，問題行動に対する事柄が明らかになった（Table 6）。

　教師60名に対して調査を実施した結果，男性79件，女性79件の合計158件の「問題行動」の内容が明らかになった。その内容は，「叩く，蹴るなどの暴力をはたらく（7％）」，「長期欠席をする（学校嫌い）（7％）」，「集中力に欠ける（6.3％）」，「盗みをする（6.3％）」，「基本的生活習慣が未確立（あいさつ，礼儀等）（4.4％）」，「作業をさぼる（掃除，仕事からの回避）（4.4％）」，「学習理解が遅い（4.4％）」等であった。これらは，反社会的問題行動，非社会的問題行動に大別された。ただし，「基本的生活習慣が未確立（あいさつ，礼儀等）」と「学習理解が遅い」というのは，反社会，非社会的問題行動という視点でとらえることは難しく，個人内の発達要因とかかわりがあると考えられた。

（2）　教師のAD指導態度と「問題行動」認知との関連

　小学校4，5学年40学級40教師1,564名の児童に対する調査を実施し，非社会的問題行動，反社会的問題行動それぞれの問題行動認知傾向を検討した。

　なお，分析に当たっては，①「自殺をする」という偽項目は分析から除かれた。

　まず，教師の指導態度の類型は児童の評定によるA・D両項目の平均点

第 4 章　研究 3　小学校教師の AD 指導態度と教育的機能との関連　29

**Table 6　小学校教師の認知した問題行動（自由記述）**

| No. | 問題行動の内容 | 類型 | 男性 | 女性 | 合計 | 割合（%） |
|---|---|---|---|---|---|---|
| 1 | 叩く，蹴るなどの乱暴をはたらく | AS † | 4 | 7 | 11 | 7.0 |
| 2 | 長期欠席をする（学校嫌い） | US ‡ | 3 | 8 | 11 | 7.0 |
| 3 | 集中力に欠ける | US | 5 | 5 | 10 | 6.3 |
| 4 | 盗みをする | AS | 6 | 4 | 10 | 6.3 |
| 5 | 基本的生活習慣が未確立（あいさつ，礼儀等） | | 3 | 4 | 7 | 4.4 |
| 6 | 作業をさぼる（掃除，仕からの回避） | AS | 3 | 4 | 7 | 4.4 |
| 7 | 学習理解が遅い | | 4 | 3 | 7 | 4.4 |
| 8 | 忘れ物をする | AS | 3 | 3 | 6 | 3.8 |
| 9 | 言葉が乱暴 | AS | 3 | 3 | 6 | 3.8 |
| 10 | 徒党をくむ | AS | 2 | 4 | 6 | 3.8 |
| 11 | 友達と遊べない（孤立，とじこもり） | US | 4 | 2 | 6 | 3.8 |
| 12 | 自己中心的な行動をする（自分勝手） | AS | 3 | 2 | 5 | 3.2 |
| 13 | 友達をいじめる | AS | 4 | 1 | 5 | 3.2 |
| 14 | 学習意欲がない | US | 3 | 1 | 4 | 2.5 |
| 15 | 集団行動からの逸脱 | AS | 3 | 1 | 4 | 2.5 |
| 16 | 不登校 | US | 4 | 0 | 4 | 2.5 |
| 17 | 食事（給食）に関する生活習慣 | US | 1 | 3 | 4 | 2.5 |
| 18 | 思い通りにならないといじける | AS | 0 | 3 | 3 | 1.9 |
| 19 | 教師の前だと態度が変わる（陰日向がある） | AS | 1 | 2 | 3 | 1.9 |
| 20 | 活発すぎる | AS | 2 | 1 | 3 | 1.9 |
| 21 | 情緒不安定 | US | 0 | 3 | 3 | 1.9 |
| 22 | 物を乱暴に扱う | AS | 2 | 1 | 3 | 1.9 |
| 23 | 自分の失敗をごまかす（責任回避） | AS | 1 | 2 | 3 | 1.9 |
| 24 | 親の財布からお金をとる | AS | 2 | 0 | 2 | 1.3 |
| 25 | 友達にいじめられる | | 1 | 1 | 2 | 1.3 |
| 26 | 授業中に発言できない | US | 2 | 0 | 2 | 1.3 |
| 27 | けんかをする | AS | 1 | 1 | 2 | 1.3 |
| 28 | 時間にルーズ | AS | 1 | 0 | 1 | 0.6 |
| 29 | 不良雑誌の読み回し | AS | 1 | 0 | 1 | 0.6 |
| 30 | 嘘をつく | AS | 1 | 0 | 1 | 0.6 |
| 31 | 親への反抗 | | 1 | 0 | 1 | 0.6 |

| 32 | いたずら | AS | 1 | 0 | 1 | 0.6 |
| 33 | わずかな怪我で保健室に行く | | 1 | 0 | 1 | 0.6 |
| 34 | 授業中にトイレへ行く | | 1 | 0 | 1 | 0.6 |
| 35 | 教室を逃げ出す | AS | 0 | 1 | 1 | 0.6 |
| 36 | 自閉的傾向 | US | 0 | 1 | 1 | 0.6 |
| 37 | 友達の物をかくす | AS | 1 | 0 | 1 | 0.6 |
| 38 | 教師にかかわりをもってこない | US | 1 | 0 | 1 | 0.6 |
| 39 | 物事に固執する | US | 0 | 1 | 1 | 0.6 |
| 40 | 自信がない | US | 0 | 1 | 1 | 0.6 |
| 41 | 授業中に立って歩く | AS | 0 | 1 | 1 | 0.6 |
| 42 | 字がじょうずに書けない | | 0 | 1 | 1 | 0.6 |
| 43 | 成績の悪い子を蔑視する | AS | 0 | 1 | 1 | 0.6 |
| 44 | 素直でない | AS | 0 | 1 | 1 | 0.6 |
| 45 | 緘黙 | US | 0 | 1 | 1 | 0.6 |
| 46 | あばれる | AS | 0 | 1 | 1 | 0.6 |
| | 合計 | | 79 | 79 | 158 | 99.4 |

† AS（Anti Social）；反社会的問題行動
‡ US（Un Social）；非社会的問題行動

（A＝31.8，D＝38.9）を求め，両項目とも平均より高い平均点の教師を AD 型教師。両項目とも平均値以下であれば，ad 型教師，A 得点が平均値以上でD 得点が平均値以下であればA型教師，A 得点が平均値以下でD 得点が平均値以上であればD型教師とした。児童による教師に対する受容と要求の2元の認知から AD 型教師，A 型教師，D 型教師，ad 型教師の4タイプの教師に分類した。内訳と平均値は次のとおりである（Table 7-1，Table 7-2）。

次に，問題行動認知傾向の検討においては，教師の「問題行動」に対する評定において有効であった36名が分析の対象となった（A型教師1名，D型教師2名，ad 型教師1名が無効）。

「問題行動」として選定した，非社会的問題行動と反社会の問題行動の各5項目計10項目について，9件法で評定してもらい，1点～9点を与え点数化した。教師の4指導類型による「問題行動尺度」の各項目の平均値と標準偏差を求めた（Table 8）。分散分析の結果，Q2「友達がいなくて，孤立し

第4章 研究3 小学校教師の AD 指導態度と教育的機能との関連 31

## Table 7-1　教師類型人数と問題行動認知の平均値と標準偏差

| 学校・学年・学級 | No. | 性別 | 年齢（代） | A得点 | 標準偏差 | D得点 | 標準偏差 | 指導類型 |
|---|---|---|---|---|---|---|---|---|
| A・5・3 | 6 | 男 | 20 | 3.46 | 0.56 | 4.12 | 0.41 | AD |
| A・6・1 | 8 | 男 | 40 | 3.66 | 0.53 | 4.46 | 0.44 | AD |
| A・5・2 | 5 | 男 | 20 | 3.43 | 0.46 | 4.00 | 0.49 | AD |
| B・4・1 | 12 | 女 | 40 | 3.67 | 0.57 | 4.42 | 0.44 | AD |
| B・4・2 | 13 | 女 | 20 | 3.44 | 0.44 | 4.09 | 0.55 | AD |
| B・6・3 | 20 | 男 | 20 | 3.21 | 0.58 | 4.04 | 0.53 | AD |
| C・4・2 | 22 | 女 | 20 | 3.84 | 0.58 | 3.97 | 0.47 | AD |
| C・4・3 | 23 | 男 | 20 | 3.37 | 0.51 | 3.94 | 0.47 | AD |
| C・5・2 | 26 | 男 | 40 | 3.33 | 0.56 | 4.17 | 0.45 | AD |
| C・6・2 | 30 | 男 | 30 | 3.60 | 0.49 | 4.21 | 0.39 | AD |
| D・4・1 | 33 | 男 | 30 | 3.73 | 0.41 | 3.97 | 0.45 | AD |
| D・6・1 | 39 | 男 | 20 | 4.00 | 0.50 | 4.13 | 0.50 | AD |
| A・5・1 | 4 | 女 | 40 | 3.65 | 0.57 | 3.80 | 0.54 | A |
| A・6・4 | 11 | 男 | 30 | 3.32 | 0.59 | 3.89 | 0.60 | A |
| B・5・1 | 15 | 男 | 30 | 3.62 | 0.48 | 3.87 | 0.37 | A |
| C・4・4 | 24 | 女 | 30 | 3.31 | 0.56 | 3.76 | 0.56 | A |
| C・5・1 | 25 | 女 | 50 | 3.30 | 0.50 | 3.64 | 0.54 | A |
| C・6・1 | 29 | 男 | 30 | 3.19 | 0.52 | 3.74 | 0.54 | A |
| D・5・3 | 38 | 女 | 20 | 3.54 | 0.57 | 3.83 | 0.50 | A |
| A・4・1 | 1 | 女 | 50 | 2.93 | 0.63 | 4.35 | 0.49 | D |
| A・4・3 | 3 | 女 | 40 | 2.62 | 0.58 | 3.94 | 0.58 | D |
| A・5・4 | 7 | 女 | 30 | 3.14 | 0.54 | 4.19 | 0.47 | D |
| B・5・2 | 16 | 女 | 40 | 2.85 | 0.58 | 3.91 | 0.46 | D |
| B・5・3 | 17 | 男 | 30 | 3.13 | 0.49 | 3.89 | 0.43 | D |
| B・6・2 | 19 | 女 | 30 | 3.03 | 0.61 | 3.96 | 0.59 | D |
| C・4・1 | 21 | 女 | 50 | 2.94 | 0.67 | 3.95 | 0.53 | D |
| C・5・4 | 28 | 女 | 40 | 2.72 | 0.60 | 3.96 | 0.49 | D |
| C・6・3 | 31 | 男 | 20 | 3.17 | 0.45 | 4.14 | 0.37 | D |
| C・6・4 | 32 | 女 | 50 | 2.93 | 0.57 | 4.19 | 0.38 | D |
| A・4・2 | 2 | 女 | 20 | 2.53 | 0.76 | 3.34 | 0.71 | ad |
| A・6・2 | 9 | 女 | 20 | 2.98 | 0.67 | 3.73 | 0.59 | ad |
| A・6・3 | 10 | 女 | 30 | 2.67 | 0.57 | 3.62 | 0.57 | ad |
| B・4・3 | 14 | 男 | 20 | 3.03 | 0.60 | 3.69 | 0.66 | ad |
| B・6・1 | 18 | 男 | 50 | 2.26 | 0.69 | 3.78 | 0.83 | ad |

32

| C・5・3 | 27 | 男 | 20 | 2.64 | 0.60 | 3.53 | 0.47 | ad |
| D・4・2 | 34 | 女 | 30 | 3.10 | 0.44 | 3.84 | 0.60 | ad |
| D・4・3 | 35 | 女 | 20 | 3.13 | 0.69 | 3.35 | 0.46 | ad |
| D・5・1 | 36 | 男 | 20 | 3.04 | 0.62 | 3.34 | 0.57 | ad |
| D・5・2 | 37 | 女 | 20 | 3.11 | 0.76 | 3.57 | 0.51 | ad |
| D・6・2 | 40 | 男 | 20 | 2.78 | 0.55 | 3.01 | 0.48 | ad |
| | | 合計 | | 127.40 | 22.65 | 155.33 | 20.48 | |
| | | 全体平均 | | 3.19 | 0.57 | 3.88 | 0.51 | |

Table 7-2　教師の指導類型毎の平均値と標準偏差

| 類型 | 人数 | | A得点 | 標準偏差 | D得点 | 標準偏差 |
| --- | --- | --- | --- | --- | --- | --- |
| AD | 12 | 合計 | 42.74 | 6.19 | 49.52 | 5.59 |
| | | 平均値 | 3.56 | 0.52 | 4.13 | 0.47 |
| A | 7 | 合計 | 23.93 | 3.79 | 26.53 | 3.65 |
| | | 平均値 | 3.42 | 0.54 | 3.79 | 0.52 |
| D | 10 | 合計 | 29.46 | 5.72 | 40.48 | 4.79 |
| | | 平均値 | 2.95 | 0.57 | 4.05 | 0.48 |
| ad | 11 | 合計 | 31.27 | 6.95 | 38.80 | 6.45 |
| | | 平均値 | 2.84 | 0.63 | 3.53 | 0.59 |

がちである」（$^{†}p<.10$）とＱ３「集団にとけこめず，友達と一緒に行動できない」（$^{*}p<.05$）の項目において，Ａ型教師とＤ型教師の間に有意な差もしくは差の傾向がみられた。

さらに，Ａ型教師は全10項目中９項目（90%）において，問題行動の問題性に対して最も低い平均値であった。また，Ｄ型教師は10項目中８項目（80%）において問題行動の問題性に対して最も高い平均値を示していた（Figure 1）。

このような認知傾向は，受容的（A）態度が高い教師は「問題行動」を他の類型の教師に比べ，問題行動の問題性を低く認知する傾向にあり，一方で要求的（D）態度が高い教師は「問題行動」の問題性に対して他類型の教師と比べ問題性を高く認知する傾向にあると考えられた。

第 4 章　研究 3　小学校教師の AD 指導態度と教育的機能との関連　　33

### Table 8　教師指導類型による問題行動認知の平均値 （標準偏差）

| 〈非社会的問題行動〉 | | AD 型 ($N=12$) | A 型 ($N=6$) | D 型 ($N=8$) | ad 型 ($N=10$) | 全体 ($N=36$) |
|---|---|---|---|---|---|---|
| Q 1 | 引っ込み思案で，授業中に発言できない | 5.75 (2.45) | 5.33 (0.52) | 6.38 (2.0) | 5.60 (1.17) | 5.78 (1.79) |
| Q 2 | 友達がいなくて，孤立しがちである | 6.83 (2.29) | 5.83$^+$ (0.98) | 7.75$^+$ (1.16) | 6.90 (1.66) | 6.89 (1.77) |
| Q 3 | 集団にとけこめず，友達と一緒に行動できない | 6.58 (2.35) | 5.33$^*$ (1.63) | 7.88$^*$ (1.13) | 6.10 (1.66) | 6.53 (1.95) |
| Q 4 | 劣等感が強く，自信がない | 5.75 (2.56) | 4.67 (1.03) | 6.00 (1.31) | 5.60 (1.58) | 5.58 (1.84) |
| Q 5 | よそ見，ぼんやりしていることが多く学習意欲がない | 5.75 (2.38) | 5.67 (0.52) | 6.38 (1.41) | 5.60 (1.07) | 5.83 (1.61) |
| 〈反社会的問題行動〉 | | | | | | |
| Q 6 | 友達に叩く，蹴るなどの暴力をはたらく | 7.25 (2.09) | 6.33 (1.21) | 7.00 (2.33) | 6.90 (2.08) | 6.94 (1.97) |
| Q 7 | 責任感が少なく，掃除などをさぼる | 6.17 (2.29) | 5.67 (1.75) | 6.00 (1.41) | 6.10 (0.88) | 6.03 (1.65) |
| Q 8 | 万引きや親の財布からお金をとる | 6.67 (3.2) | 6.33 (3.01) | 8.50 (0.76) | 7.20 (2.86) | 7.17 (2.71) |
| Q 9 | 弱い者いじめをする | 7.08 (2.61) | 5.83 (1.6) | 7.25 (1.16) | 6.50 (2.12) | 6.75 (2.05) |
| Q10 | 言葉が乱暴で，悪口などを言う | 6.33 (2.35) | 5.67 (1.51) | 6.50 (1.77) | 6.00 (1.41) | 6.17 (1.81) |

Q 2 は A 型と D 型間で有意差有り （$p<.10$）　　　　　　　　　　　$^+p<.10$，$^*p<.05$
Q 3 は A 型と D 型間で有意差有り （$p<.05$）

　以上の結果から，受容的（A）教師は非社会的問題行動を要求的（D）教師は反社会的問題行動を問題視する傾向にあることがうかがわれた。それは，「問題行動」に対する教師の考え方が，その後の生徒指導や教育活動全般に影響があることが想定された。

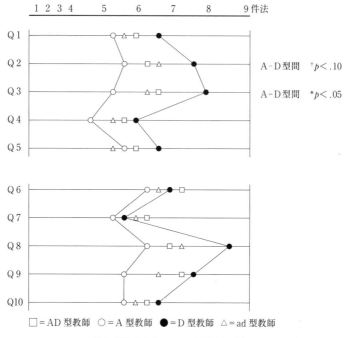

**Figure 1** 教師指導類型による「問題行動」認知の評定

## 第3節 小学校教師の AD 指導態度と児童の学校ストレス，学校不適応感との関係

### 1 問題

　小学校で一日の活動の大半を過ごす児童にとっては，いろいろな楽しい活動がある反面，毎日大なり小なりのストレスや不適応感をいだきながら，友人関係や授業などの学校生活を送っている状況にある。ストレスとは，もともとある物体に外圧が加わることによって生ずる歪んだ状態を指すものとし

て工学の領域で用いられていた言葉である。

Selye（1956）は，この概念を生体に適用し，環境からの刺激（ストレッサー）がヒトにもたらす非特異的な身体反応を指してストレスと定義している。Lazarus（1990）は，ある個人の資源（resources）に何か重荷を負わせるような，あるいはそれを超えるようなものとして評価（appraise）された要求（あるいは個人と環境との間にある特定な種類の関係）とする。

このようにストレッサーに対する反応は個人によって異なり，ある人にとってはそれをストレスと感じ，ある人にとってはそれをストレスと感じないことがある。このとき，あるストレスに対して脅威と感じるかの認知を一次的評価とし，さらにそのストレスに対してどうするかという感じ方，とらえ方を二次的評価と考える。

ストレスに対する反応の感情として，学校嫌い感情が考えられる。古市・國房（1998）は，学校嫌い感情と教師の指導態度をストレス理論から検討している。そこで，ストレッサー経験の多少にかかわらず，受容的（A）態度および要求的（D）態度得点が低いときよりも高いときの方が，一貫して学校嫌い感情を抱きにくい結果を得ている。さらに，児童の認知する教師の指導態度の効果について検討した結果，直接効果がみられたものが多く，このことは児童にとって教師態度を受容的（A）および要求的（D）と認知していれば，たとえ学校生活の中で何らかのストレッサーを経験しても，学校嫌い感情をもちにくいことが分かった。

以上により，学校生活を送るうえで，子どもにとって教師は重要な他者として考えられ，本研究では子どもの認知する教師の指導態度と学校におけるストレスおよび不適応感の関連を考察する。

## 2　目的

小学校教師に対し，受容的（A）指導態度と認知している児童と要求的（D）指導態度と認知している児童の学校ストレスと学校不適応感について

検討する。

## 3　方法

### （1）　調査対象

A県公立B小学校5，6年生238名（男子124名，女子114名）。

### （2）　調査時期

1994年11月下旬。

### （3）　材料

①「AD尺度」：嶋野（1989a）によって作成された20項目（A＝10項目，D＝10項目）からなる尺度で，5件法（「ぜんぜんあてはまらない」（1点）～「とてもあてはまる」（5点））を採用した。

②「心理的ストレス尺度」：長根（1991）によって作成された心理的ストレス尺度を採用し，4件法とした。この尺度は「友人関係（6項目）」，「授業中の発表（6項目）」，「学業成績（4項目）」，「失敗（4項目）」の合計20項目の下位尺度から構成される尺度である（APPENDIX 6）。

③「学校不適応感尺度」：小針（1988）の学校不適応感尺度を大野（1993）が小学校用に適応した10項目からなる尺度で，4件法（「あてはまる」（4点）～「あてはまらない」（1点））を採用した（APPENDIX 7）。

### （4）　手続き

調査は無記名方式で，学級ごとに担任教師によって実施された。その際，担任が質問事項を1問ずつ読み上げ，そのつど児童が記入する方式をとった。

## 4　結果と考察

分析は，児童の認知する教師のAD指導態度を4類型化し，各ストレス

得点を高群（Hi），低群（Lo）に分け，それぞれについての学校不適応感を検討した。

## （1） 児童の教師 AD 指導態度認知について

受容（A）と要求（D）の平均値は A 得点＝29.67（$SD=6.32$），D 得点＝36.64（$SD=6.41$）であった。これを基準にして児童の認知する指導類型に分けた。

その結果，AD 型教師は90名，A 型教師は41名，D 型教師は49名，ad 型教師は58名であった。

## （2） 児童の教師 AD 指導態度認知類型別のストレス高低別と学校不適応感との関連

児童の AD 教師指導類型ごとに「友人関係」「授業中の発表」「学業成績」「失敗」の各ストレス群を Hi 群と Lo 群に分け，それぞれについて学校不適応感得点の平均値と標準偏差を求め，分散分析を行った。

### ① AD 指導類型及び友人ストレス高低別と学校不適応感との関連

Table 9-1，Table 9-2 は AD 指導類型及び友人ストレス得点 Hi 群・Lo 群別と学校不適応感得点の平均値，標準偏差，分散分析の結果である。AD 指導類型群の主効果は有意であったことから，さらに多重比較（LSD 法）を行った（Table 9-3）。それによれば，指導類型 AD 型は A 型と有意な差はみられなかったが，D 型及び ad 型よりも有意に得点は低かった。また，A 型は D 型及び ad 型よりも有意に低い得点であった。D 型と ad 型との有意な差はみられなかった（$MSe=29.52$，$p<.05$）。

また，友人関係ストレスの主効果も有意であったことから，友人関係ストレス Hi 群・Lo 群に有意な差がみられたことになる。すなわち，友人関係ストレス Hi 群の方が Lo 群より学校不適応感が高いということが明らかになった。

Table 9-1　児童の AD 類型，友人関係ストレス（Hi 群，Lo 群）別における不適応感得点

| 教師指導類型 | ストレス群 | 児童数 | 平均値 | 標準偏差 |
|---|---|---|---|---|
| AD 型 | Hi | 56 | 19.07 | 4.81 |
| | Lo | 33 | 20.09 | 5.14 |
| A 型 | Hi | 24 | 21.21 | 4.86 |
| | Lo | 17 | 17.76 | 4.83 |
| D 型 | Hi | 25 | 24.04 | 5.65 |
| | Lo | 22 | 22.27 | 6.20 |
| ad 型 | Hi | 35 | 23.03 | 6.24 |
| | Lo | 22 | 20.95 | 4.91 |

Table 9-2　児童の AD 類型，友人関係ストレス（Hi 群，Lo 群）別における
不適応感得点の分散分析表

| 要因 | 平方和（$SS$） | 自由度（$df$） | 平均平方和（$MS$） | $F$ 値 | |
|---|---|---|---|---|---|
| A．指導類型 | 515.37 | 3 | 171.79 | 5.82 | ** |
| B．ストレス | 127.40 | 1 | 127.40 | 4.32 | * |
| A×D | 136.42 | 3 | 45.47 | 1.54 | *n.s.* |
| 誤差 | 6670.71 | 226 | 29.52 | | |
| 全体 | 7449.90 | 233 | | | |

$^*p < .05$，$^{**}p < .01$

Table 9-3　LSD 法による多重比較の結果（友人関係ストレス）の場合

| 左項 VS. 右項 | A | D | ad |
|---|---|---|---|
| AD | = | < | < |
| A | | < | < |
| D | | | = |

不等号 $p < .05$，等号 *n.s.*

## ② AD 指導類型及び授業中の発表ストレス高低別と学校不適応感との関連

Table 9-4，Table 9-5 は AD 指導類型及び授業中の発表ストレス得点 Hi 群・Lo 群別と学校不適応感得点の平均値，標準偏差，分散分析の結果であ

第4章　研究3　小学校教師のAD指導態度と教育的機能との関連　39

Table 9-4　児童のAD類型，授業中の発表ストレス（Hi群，Lo群）別における不適応感得点

| 教師指導類型 | ストレス群 | 児童数 | 平均値 | 標準偏差 |
|---|---|---|---|---|
| AD型 | Hi | 51 | 20.22 | 4.89 |
| | Lo | 38 | 18.42 | 4.86 |
| A型 | Hi | 24 | 21.21 | 4.86 |
| | Lo | 17 | 18.59 | 5.89 |
| D型 | Hi | 27 | 24.56 | 4.78 |
| | Lo | 21 | 21.52 | 6.75 |
| ad型 | Hi | 27 | 23.52 | 6.24 |
| | Lo | 31 | 20.97 | 5.16 |

Table 9-5　児童のAD類型，授業中の発表ストレス（Hi群，Lo群）別における不適応感得点の分散分析表

| 要因 | 平方和（$SS$） | 自由度（$df$） | 平均平方和（$MS$） | $F$値 | |
|---|---|---|---|---|---|
| A．指導類型 | 557.42 | 3 | 185.81 | 6.41 | ** |
| B．ストレス | 295.05 | 1 | 295.05 | 10.18 | ** |
| A×D | 12.14 | 3 | 4.05 | 0.14 | n.s. |
| 誤差 | 6609.25 | 228 | 28.99 | | |
| 全体 | 7473.85 | 235 | | | |

$**p<.01$

る。AD指導類型群の主効果は有意であったことから，さらに多重比較（LSD法）を行った（Table 9-6）。それによれば，指導類型AD型はA型と有意な差はみられなかったが，D型及びad型よりも有意に得点は低かった。また，A型はD型及びad型よりも有意に低い得点であった。D型とad型との有意な差はみられなかった（$MSe=28.99$，$p<.05$）。

また，授業中の発表ストレスの主効果も有意であったことから，授業中の発表ストレスHi群・Lo群に有意な差がみられたことになる。すなわち，授業中の発表ストレスHi群の方がLo群より学校不適応感が高いということが明らかになった。

Table 9-6　LSD 法による多重比較の結果（授業中の発表ストレス）の場合

| 左項 VS. 右項 | A | D | ad |
|---|---|---|---|
| AD | = | < | < |
| A | | < | < |
| D | | | = |

不等号 $p < .05$, 等号 *n.s.*

### ③ AD 指導類型及び学業成績ストレス高低別と学校不適応感との関連

　Table 9-7，Table 9-8 は AD 指導類型及び学業成績ストレス得点 Hi 群・Lo 群別と学校不適応感得点の平均値，標準偏差，分散分析の結果，交互作用が有意であった。そこで，水準ごとに単純主効果を分析した。さらに多重比較（LSD 法）を行った結果，Table 9-9，Table 9-10 に示すとおりとなった。

　すなわち学業成績ストレス Hi 群では，指導類型要因の単純主効果が有意であり，また学業成績ストレス Lo 群でも指導類型要因の単純主効果が有意であった。多重比較（LSD 法）よれば，学業成績ストレス Hi 群では，指導類型 AD 型は A 型と有意な差はみられなかったが，D 型及び ad 型よりも有意に得点は低かった。

　また，A 型は D 型と有意な差はみられなかったが，D 型及び ad 型よりも

Table 9-7　児童の AD 類型，学業成績ストレス（Hi 群，Lo 群）別における不適応感得点

| 教師指導類型 | ストレス群 | 児童数 | 平均値 | 標準偏差 |
|---|---|---|---|---|
| AD 型 | Hi | 50 | 19.70 | 5.03 |
| | Lo | 39 | 19.13 | 4.85 |
| A 型 | Hi | 23 | 21.30 | 4.53 |
| | Lo | 18 | 17.83 | 5.20 |
| D 型 | Hi | 23 | 22.65 | 4.53 |
| | Lo | 25 | 23.76 | 6.71 |
| ad 型 | Hi | 30 | 24.30 | 5.64 |
| | Lo | 28 | 19.86 | 5.10 |

第 4 章　研究 3　小学校教師の AD 指導態度と教育的機能との関連　　41

Table 9-8　児童の AD 類型，学業成績ストレス（Hi 群，Lo 群）別における
不適応感得点の分散分析表

| 要因 | 平方和 (SS) | 自由度 (df) | 平均平方和 (MS) | F 値 | |
|---|---|---|---|---|---|
| A．指導類型 | 569.34 | 3 | 189.78 | 6.66 | ** |
| （ストレス Hi： | 309.25 | 3 | 103.08 | 3.62 | *) |
| （ストレス Lo： | 525.67 | 3 | 175.22 | 6.15 | **) |
| B．ストレス | 183.15 | 1 | 183.15 | 6.43 | * |
| （AD 型： | 4.40 | 1 | 4.40 | 0.15 | n.s.) |
| （A 型： | 162.15 | 1 | 162.15 | 5.69 | *) |
| （D 型： | 16.52 | 1 | 16.52 | 0.58 | n.s.) |
| （ad 型： | 265.67 | 1 | 265.67 | 9.33 | **) |
| A×D | 265.59 | 3 | 88.53 | 3.11 | * |
| 誤差 | 6493.73 | 228 | 28.48 | | |
| 全体 | 7511.81 | 235 | | | |

$^{*}p<.05,\ ^{**}p<.01$

Table 9-9　LSD 法による多重比較の結果（学業成績ストレス Hi 群）の場合

| 左項 VS. 右項 | A | D | ad |
|---|---|---|---|
| AD | = | < | < |
| A | | < | < |
| D | | | = |

不等号 $p<.05$，等号 n.s.

Table 9-10　LSD 法による多重比較の結果（学業成績ストレス Lo 群）の場合

| 左項 VS. 右項 | A | D | ad |
|---|---|---|---|
| AD | = | < | = |
| A | | < | = |
| D | | | > |

不等号 $p<.05$，等号 n.s.

有意に低い得点であった。またA型はD型と有意な差はみられなかったが，ad型よりも有意に低い得点であった。

D型とad型は有意な差はみられなかったが，学業成績ストレスLo群の水準は，AD型はA型及びad型とは有意な差はみられなかったが，D型より有意に低い得点であった。またA型はD型より有意に低い得点であったが，ad型は有意な差はみられなかった。さらにD型はad型よりも有意に高い得点であった（$MSe=28.48$, $p<.05$）。すなわち，D型が他の指導類型よりも有意に学校不適応感が高いということが明らかになった。

また，指導類型別の各要因については，A型及びad型では学業成績ストレスHi群・Lo群に有意な差があった。これにより，学業成績ストレスHi群の方がLo群よりも学校不適応感が高いということが明らかになった。しかし，AD型及びD型では，学業成績ストレスHi群・Lo群に有意な差はみられなかった。

④AD指導類型及び失敗ストレス高低別と学校不適応感との関連

Table 9-11，Table 9-12はAD指導類型及び授業中の失敗ストレス得点Hi群・Lo群別と学校不適応感得点の平均値，標準偏差，分散分析の結果である。AD指導類型群の主効果は有意であったことから，さらに多重比較（LSD法）を行った（Table 9-13）。それによれば，指導類型AD型はA型と有

Table 9-11　児童のAD類型，失敗ストレス（Hi群，Lo群）別における不適応感得点

| 教師指導類型 | ストレス群 | 児童数 | 平均値 | 標準偏差 |
|---|---|---|---|---|
| AD型 | Hi | 65 | 20.03 | 5.02 |
| | Lo | 24 | 17.88 | 4.43 |
| A型 | Hi | 26 | 19.42 | 4.14 |
| | Lo | 15 | 20.40 | 6.46 |
| D型 | Hi | 27 | 23.81 | 6.16 |
| | Lo | 21 | 22.48 | 5.50 |
| ad型 | Hi | 32 | 22.69 | 5.31 |
| | Lo | 26 | 21.50 | 6.34 |

第4章　研究3　小学校教師の AD 指導態度と教育的機能との関連　　43

Table 9-12　児童の AD 類型，失敗ストレス（Hi 群，Lo 群）別における
不適応感得点の分散分析表

| 要因 | 平方和（$SS$） | 自由度（$df$） | 平均平方和（$MS$） | $F$ 値 | |
|---|---|---|---|---|---|
| A．指導類型 | 564.70 | 3 | 188.23 | 6.32 | ** |
| B．ストレス | 43.36 | 1 | 43.36 | 1.46 | *n.s.* |
| A×D | 67.88 | 3 | 22.63 | 0.76 | *n.s.* |
| 誤差 | 6791.20 | 228 | 29.79 | | |
| 全体 | 7467.15 | 235 | | | |

$^{**}p<.01$

Table 9-13　LSD 法による多重比較の結果（失敗ストレス）の場合

| 左項 VS. 右項 | A | D | ad |
|---|---|---|---|
| AD | = | < | < |
| A | | < | < |
| D | | | = |

不等号 $p<.05$，等号 *n.s.*

意な差はみられなかったが，D 型及び ad 型よりも有意に得点は低かった。
また，A 型は D 型及び ad 型よりも有意に低い得点であった。D 型と ad 型
との有意な差はみられなかった（$MSe=29.79$，$p<.05$）。

## （3）　考察

学業成績ストレス，失敗ストレスの主効果が有意であったことから，学業
成績ストレス，失敗ストレスの各 Hi 群・Lo 群に有意な差がみられた。すな
わち，学業成績ストレス，失敗ストレスの各 Hi 群の方が Lo 群より学校不
適応感が高いということが明らかになった。

これらにより，教師を受容的（A）ととらえている児童の学校不適応が低
い傾向にあるということは，ストレスが高くても，教師の指導態度が受容的
（A）かつ要求的（D），または受容的（A）なものであれば児童の不適応感
も低くなると考えられた。これは，児童のストレスを軽減するサポート源の

一つとなっているものと思われた。これから，教師の受容的（A）態度かつ要求的（D）態度と受容的（A）態度は児童のストレスや不適応感を軽減する機能があることがうかがわれた。

## 第4節　小学校教師の AD 指導態度と児童の self-esteem との関係

### 1　問題

Rosenberg（1965）によれば self-esteem は，自己に対する肯定的態度あるいは否定的態度の感情であるとする。自分が価値のある人間と感じ，ありのままの自分を尊重する態度の感情であるととらえることができる。わが国で，self-esteem とは自己評価，自尊感情，自己尊重，自尊心などの訳が当てられ，「自己評価の感情」としてとらえられている。

根本（1972）は self-esteem を自己像の評価的側面と定義し，その内容として，①自己の能力，意見，パーソナリティ等の肯定的是認，確信。②自己の人生を肯定的に受け入れる態度。③劣等感のないこと，他者に対する優越感，同情排除，独立，人生に対する野心の3つの要素を考えている。

教育の教育活動において，自己の肯定的な感情を育て，確かな自己像を形成していくことは重要なことである。

### 2　目的

学校教育において，児童が教師から「受容されている」と感じることは，精神的な安心感を抱き，さらには，自分に自信をもって自己実現していくことができるようになるための重要な条件であると考えられる。

そこで，児童にとって重要な他者であると思われる教師の指導態度と児童の self-esteem の関係を検討する。

第 4 章　研究 3　小学校教師の AD 指導態度と教育的機能との関連　45

## 3　方法

### （1）　調査対象

A県公立 B 小学校 5 年生157名（男81名，女76名），6 年生166名（男84名，女82名）。

### （2）　調査時期

1991年11月下旬。

### （3）　材料

①「AD 尺度」：嶋野（1989a）によって作成された尺度で，5 件法（「ぜんぜんあてはまらない」（1 点）〜「とてもあてはまる」（5 点））を採用した。

②「児童の self-esteem 測定尺度」：早川（1987）によって作成された34項目からなる尺度を採用し，4 件法（「そう思う」（1 点）〜「まったくそう思わない」（4 点））とした。

　この尺度は，「自己の能力・パーソナリティ等に対する肯定的是認・確信」17項目，「自己の人生に対する肯定的態度」10項目，「独立・同情排除」7 項目で，14の逆転項目の含まれる 3 つの下位尺度から構成される（APPENDIX 8）。

### （4）　手続き

調査は無記名方式を採用し，各学級で担任教師による集団調査を実施した。回答については，学級担任が質問項目を一つずつ読み上げ，そのつど児童が回答する形式で実施された。

## 4　結果と考察

self-esteem の 3 つの得点と児童の認知する教師の受容的（A）指導態度と

要求的（D）指導態度のA得点，D得点の相関がそれぞれ求められた。A得点は「自己の能力・パーソナリティ等に対する肯定的是認・確信」得点と「自己の人生に対する肯定的態度」得点との間にそれぞれ弱い相関があった（$r = .22$, $p < .01$, $r = .24$, $p < .01$）。D得点と self-esteem 得点3つの得点の間には相関がなかった。

次に，A得点は30.0，D得点は39.0（$r = .16$, $p < .01$）の平均値を基に教師の児童認知の教師指導態度を AD 型，A型，D型，ad 型の4タイプごとにまとめた。各タイプの平均値を求め，指導態度の4タイプごとに self-esteem 得点（以下 S-E 得点）を求めた（Table 10）。

さらに，教師の指導態度類型の平均値と標準偏差を求め，分散分析を行った。「自己の能力・パーソナリティ等に対する肯定的是認・確信」については Table 11-1，Table 11-2，Table 11-3。「自己の人生に対する肯定的態度」については Table 11-4，Table 11-5，Table 11-6。「独立・同情排除」について Table 11-7，Table 11-8，Table 11-9 のとおりである。

結果は，いずれの指導態度においても主効果は有意であった。そこで，LSD 法によって多重比較を行った。まず，S-E 得点のうち「自己の能力・パーソナリティ是認・確信」において，男子は女子より高い傾向がみられていた。そのうえで，多重比較の結果をみると AD 型とA型は，他の型より

Table 10　対教師の児童 AD 指導態度認知タイプとS-E得点

| S-E下位尺度 | AD 型 | A型 | D型 | ad 型 |
|---|---|---|---|---|
| 「自己の能力・パーソナリティ等の肯定的是認・確信」 | 46.01 (9.48) | 44.40 (9.11) | 42.15 (7.86) | 42.01 (8.27) |
| 「自己の人生に対する肯定的態度」 | 30.24 (4.37) | 29.10 (4.74) | 27.91 (4.04) | 27.51 (4.94) |
| 「独立・同情排除」 | 18.81 (2.98) | 18.73 (3.29) | 17.65 (2.79) | 17.91 (2.77) |

下段は（標準偏差）

Table 11-1 教師の4指導類型における「自己の能力・パーソナリティ等の肯定的是認・確信」得点の平均値と標準偏差

|  | AD 型 | A 型 | D 型 | ad 型 |
|---|---|---|---|---|
| 男子 | 48.61 | 44.96 | 43.38 | 44.03 |
|  | (8.92) | (9.64) | (8.45) | (7.24) |
| 女子 | 42.52 | 43.86 | 40.97 | 40.29 |
|  | (9.16) | (8.7) | (6.77) | (8.82) |
| 全体 | 46.01 | 44.4 | 42.15 | 42.06 |
|  | (9.48) | (9.11) | (7.68) | (8.27) |

下段は（標準偏差）

Table 11-2 「自己の能力・パーソナリティ等の肯定的是認・確信」得点（認知タイプ×性）の分散分析表

| 要因 | 平方和 ($SS$) | 自由度 ($df$) | 平均平方和 ($MS$) | ($F$ 値) |  |
|---|---|---|---|---|---|
| 群 | 785.18 | 3 | 261.73 | 3.59 | * |
| 性 | 1049.55 | 1 | 1049.55 | 14.38 | ** |
| 群×性 | 266.95 | 3 | 88.98 | 1.22 | *n.s.* |
| 残差 | 21525.35 | 295 | 72.97 |  |  |

$^*p<.05$, $^{**}p<.01$

Table 11-3 LSD 法による多重比較の結果

| 左項 VS. 右項 | A | D | ad |
|---|---|---|---|
| AD | = | > | > |
| A |  | = | > |
| D |  |  | = |

不等号 $p<.05$, 等号 *n.s.*

高いS-E得点を示した。このようにAD・A教師型に対する子どものS-E得点が高い得点を示したことはA型教師の受容によって，子どもたちに肯定的な感情が育つためと考えられる。また，受容の有無によって教師の指導態度が肯定的に受け止められ，要求によって成長の促進が図られるためとも考えられる。さらに，AD型教師については，子どもを理解し，児童の心に耳

48

Table 11-4　教師の 4 指導類型における「自己の人生に対する肯定的態度」得点の平均値と標準偏差

|  | AD 型 | A 型 | D 型 | ad 型 |
|---|---|---|---|---|
| 男子 | 30.43 | 28.69 | 28.03 | 28.81 |
|  | (4.53) | (4.89) | (3.54) | (4.68) |
| 女子 | 29.95 | 29.50 | 27.80 | 26.34 |
|  | (4.18) | (4.64) | (4.5) | (4.92) |
| 全体 | 30.24 | 29.10 | 27.91 | 27.51 |
|  | (4.37) | (4.74) | (4.04) | (4.94) |

下段は（標準偏差）

Table 11-5　「自己の人生に対する肯定的態度」得点（認知タイプ×性）の分散分析表

| 要因 | 平方和（$SS$） | 自由度（$df$） | 平均平方和（$MS$） | $F$ 値 | |
|---|---|---|---|---|---|
| 群 | 370.44 | 3 | 123.48 | 6.08 | ** |
| 性 | 35.58 | 1 | 35.58 | 1.75 | n.s. |
| 群×性 | 99.29 | 3 | 33.10 | 1.63 | n.s. |
| 残差 | 6035.81 | 294 | 20.32 | | |

**$p < .01$

Table 11-6　LSD 法による多重比較の結果

| 左項 VS. 右項 | A | D | ad |
|---|---|---|---|
| AD | = | > | > |
| A | | = | = |
| D | | | = |

不等号 $p < .05$，等号 n.s.

を傾けている教師の要求的（D）態度は，受容という情緒・人間的な結びつきがあるので，肯定的な感情が，より一層受容されているという気持ちを強くするものとして作用しているとも考えられた。

「独立・同情排除」の多重比較の S-E 得点の結果をみると，A・AD 型教師が D 型教師よりも高い S-E 得点を示した。このことは，教師に子どもが

第4章　研究3　小学校教師の AD 指導態度と教育的機能との関連　　49

Table 11-7　教師の4指導類型における「独立・同情排除」得点の平均値と標準偏差

|  | AD 型 | A 型 | D 型 | ad 型 |
|---|---|---|---|---|
| 男子 | 18.83 | 19.03 | 17.31 | 18.03 |
|  | (2.65) | (3.96) | (3.23) | (2.83) |
| 女子 | 18.78 | 18.43 | 17.97 | 17.80 |
|  | (2.98) | (2.51) | (2.3) | (2.75) |
| 全体 | 18.81 | 18.73 | 17.65 | 17.91 |
|  | (2.98) | (3.29) | (2.79) | (2.77) |

下段は（標準偏差）

Table 11-8　「独立・同情排除」得点（認知タイプ×性）の分散分析表

| 要因 | 平方和（$SS$） | 自由度（$df$） | 平均平方和（$MS$） | $F$ 値 | |
|---|---|---|---|---|---|
| 群 | 77.08 | 3 | 25.69 | 3.06 | * |
| 性 | 0.17 | 1 | 0.17 | 0.02 | n.s. |
| 群×性 | 13.32 | 3 | 4.44 | 0.53 | n.s. |
| 残差 | 2527.72 | 301 | 8.40 | | |

$^*p < .05$

Table 11-9　LSD 法による多重比較の結果

| 左項 VS. 右項 | A | D | ad |
|---|---|---|---|
| AD | = | > | = |
| A |  | > | = |
| D |  |  | = |

不等号 $p < .05$，等号 n.s.

要求だけを受けるよりも，受容されていると認知されることで，劣等感も少なく，人に頼らなくても自分の力でできるという独立心が育つのではないかと考えられた。子どもにとって重要な他者である教師から認められ，尊重されることは，肯定的な自己像を形成する上で重要な経験となっていると考えられた。

　以上のことから，教育活動において教師の受容的（A）態度は，児童の肯

定的な自己像を形成する上で重要な意味をもっていると考えられた。

# 第5章　研究4　幼稚園教師のAD指導態度尺度の作成

## 1　問題

　幼稚園は基本的に学校教育の位置づけとなる。登園してから，幼児たちは教師の指導のもとに諸活動をする。登園して，着替え，そして遊びをとおして学びを広げる。遊びは外遊び（砂場，ブランコ，鬼ごっこ，自然探索），室内遊び（大型積み木，見立て遊び，ままごと等）などを行い，いろいろな発見をしながら主体的な遊びが展開される。そのような幼児たちに対して教師は，幼児の活動を認め，受け入れ，そして，活動や学びがさらに広がるようにいろいろなヒントを投げかける。まさにそれは受容的（A）指導態度でかかわっていくこととなる。また，園の活動全体をとおして，社会や集団活動のルールや基本的な日常習慣にかかわる事柄を教え，指導をしていく。このように要求的（D）指導態度も教育的機能としてあることが想定される。

　本研究では，幼稚園教師の受容的（A）態度と要求的（D）態度を明らかにすることにある。その場合，幼稚園における「気になる子ども」に対する支援行動から考察する。幼稚園教師の支援行動を客観的に見るために教育実習生による「気になる子ども」への教師の支援行動を明らかにし，その支援行動から教師の自己評価により受容的（A）指導態度と要求的（D）指導態度を明らかにする。そして，教師の指導態度と子どもの教育的機能を検討する。

## 2　目的

　幼稚園の日常生活において，幼稚園教師の幼児に対する受容的（A）指導態度および要求的（D）指導態度を明らかにするための自記式による幼稚園

教師の AD 尺度を作成する。

## 3 方法

### （1） 教育実習生の観察調査による項目の選定

内山・諏訪・安倍（2009）は，幼稚園での「気になる子ども」の指導について，応用行動分析の理論に基づき「かんしゃく」「トラブル」「給食」「製作活動」などの具体的な場面で，教師の望ましい支援のあり方を例示している。

幼稚園教師の AD 指導態度尺度項目を検討するに当たって，嶋野（2013a，2013b）は教育実習生からの自由記述によるアンケート調査を 3 年間（2009～2011）実施し，項目を収集した。教育実習生の観察により項目を収集した理由は，教育活動中に教師間でお互いの支援行動を観察し合うことは，実際的に負担をかけて困難を伴うからである。そして，収集された項目は，年 2 回の合計 6 回，A幼稚園教師らによって，現場の幼稚園教師にとって理解しやすい言葉や表現に整理した。

そこでは，幼稚園での主な活動の行動場面と考えられる「日常生活」「学習（主活動）」「遊び」「給食」「トラブル」の 5 つの場面で，A幼稚園教師15名の協力を得ながら「気になる子ども」に対する支援行動を検討した。そして，教師の「気になる子ども」に対する100項目の支援行動に整理し，「気になる子どもへの支援調査」としてまとめた。

これをもとに短大生の教育実習において，「気になる子ども」に対し担当する教師がどのようにかかわって支援していたかの調査を実施した。

①**調査対象**：公立・私立83幼稚園の実習園で教育実習を行ったA短大 2 年学生176名（男性12名，女性164名）。

②**実習期間**：2012年 6 月 4 日～ 6 月22日の15日間。

③**材料**：教師の支援行動の実態把握として，教育実習生のアンケート調査結果と内山・諏訪・安倍（2009）の著書にある支援を参考に筆者と B 幼

稚園教師15名によって検討し100項目の支援行動に整理し，「気になる子どもへの支援調査」として調査用紙を作成した。それを5件法（「全くあてはまらない」（1点）～「たいへんあてはまる」（5点））で評定した（APPENDIX 9）。

④**手続き**：教育実習を終了した学生に対して，短期大学の授業の中で調査を実施し，その場で回収した。

⑤**結果と考察**：回答数143名（回収率81％）であった。100項目の支援行動の平均値と標準偏差を求めた（Table 12）。その結果，平均値が3.00以上は43項目あった。そのうち直接，子どもの支援にかかわる項目は40項目で，3項目は保護者と教師間の支援にかかわる項目であった。この3項目を除き，平均値が3.00以上の40項目を幼稚園教師のAD指導態度尺度（自記式）の検討候補の項目とした。

## （2） 幼稚園教師に対する「気になる子ども」への支援行動の調査

①**調査対象**：A県131園の担任教師565名。

②**調査日**：2013年6月末～7月末の1ヵ月間。

③**調査材料**：教育実習生に対する調査から検討候補の項目とされた40項目について，項目の文言を大学教員1名と幼稚園教員2名（経験20年の主任と経験7年の教諭）によって精査し，文章を幼稚園現場感覚に合わせて整理した。その結果，32項目を自記式の教師AD尺度の候補項目として選定した（APPENDIX 10）。

④**手続き**：調査用紙を各幼稚園に郵送し，園長をとおして担任教師に回答を求めた。回答期間は1ヵ月間とした。

## 4 結果と考察

その結果，94園（回収率72％）の幼稚園から回答を得た。そして，担任教師は67％（回収率67％）であった。回収されたアンケート調査は94幼稚園，

## Table 12　教育実習生が観察した教師の支援行動

($N = 143$)

| No. | 支援項目 | 平均値 | 標準偏差 | 候補項目 | 行動場面 |
|---|---|---|---|---|---|
| Q 1 | かんしゃくを起こす様子を観察し，原因を探ろうとしていた | 3.19 | 1.29 | †1 | トラブル |
| Q 2 | 静かな場所に連れて行き，落ち着くまで，近くで見守るようにしていた | 2.95 | 1.42 | | トラブル |
| Q 3 | 周囲の危険となるものを片付けるようにしていた | 2.87 | 1.41 | | 学習 |
| Q 4 | 本人や周囲の活動に支障がないのであれば，こだわりは認めていた | 3.75 | 1.13 | †2 | 日常生活 |
| Q 5 | 音や触覚，においなど子どもの不快となる刺激は排除するようにしていた | 2.56 | 1.31 | | 日常生活 |
| Q 6 | 次にすることが分かるように絵や具体物を提示し，伝えていた | 3.45 | 1.44 | †3 | 学習 |
| Q 7 | 待つ時間は，遊ぶものを渡して，待てる形で待たせていた | 2.40 | 1.34 | | 学習 |
| Q 8 | できるだけすばやく，叩く行為を止めさせ，本人が落ち着ける場所に移動していた | 3.09 | 1.15 | †4 | トラブル |
| Q 9 | 叩かれた子どもや周囲には，「大丈夫だよ」など安心させるようにしていた | 3.20 | 1.28 | †5 | トラブル |
| Q10 | 叩く以外の，やりとりの仕方をその場で教えるようにしていた | 3.47 | 1.38 | †6 | トラブル |
| Q11 | トラブルの状況を周りの子どもにも説明するようにしていた | 3.04 | 1.38 | †7 | トラブル |
| Q12 | 興奮する状況を観察し，トラブルを起こす事前に止めるようにしていた | 2.80 | 1.12 | | トラブル |
| Q13 | 興奮しない友達や場所，遊びなどの環境を変えるようにしていた | 2.72 | 1.19 | | トラブル |
| Q14 | 保護者には，直接，トラブルについて状況を説明するようにしていた | 3.12 | 1.22 | †8 | トラブル |
| Q15 | 子どものお気に入りの場所は分かっており，一時見えなくなっても心配ないようだった | 2.49 | 1.18 | | 日常生活 |
| Q16 | 活動内容を絵などを使い視覚的に分かりやすいようにしていた | 2.79 | 1.35 | | 学習 |
| Q17 | 活動内容に見通しがもてるような工夫をしていた | 3.51 | 1.19 | †9 | 日常生活 |
| Q18 | 活動の前には，事前学習にも時間をかけて指導していた | 3.07 | 1.22 | †10 | 学習 |
| Q19 | 活動に参加する所と無理に参加させない所を分けて考えていた | 3.19 | 1.19 | †11 | 学習 |

第5章 研究4 幼稚園教師のAD指導態度尺度の作成 55

| Q20 | 一斉に指導するだけでなく，個別に練習の仕方をしていた | 3.07 | 1.14 | †12 | 学習 |
|---|---|---|---|---|---|
| Q21 | 一人で遊んでいる時には，見守るようにし，好きなように遊ばせていた | 4.12 | 0.90 | †13 | 遊び |
| Q22 | 一人で遊んでいる時には，子どものペースを尊重するようにしていた | 4.01 | 1.06 | †14 | 遊び |
| Q23 | 一人でいる子どもと他の子どもも同じ空間で過ごすようにさせていた | 3.88 | 1.03 | †15 | 遊び |
| Q24 | 興味のありそうなもので遊びに誘うようにして他の子とかかわりをもつようにしていた | 3.45 | 1.14 | †16 | 遊び |
| Q25 | 給食で食べないものは，無理強いせずに残してもよいようにしていた | 2.73 | 1.15 | | 給食 |
| Q26 | 食事に関して，家庭の様子を聞くなど保護者との連携をしていた | 3.37 | 1.15 | †17 | 給食 |
| Q27 | 最初から，小分けにして時間内に食べられるようにしていた | 2.87 | 1.31 | †18 | 給食 |
| Q28 | 友達との関係を考え，お話するなど楽しんで食事をする工夫をしていた | 3.36 | 1.28 | †19 | 給食 |
| Q29 | 耳ふさぎをする子は，その場から離れさせるようにしていた | 2.13 | 1.04 | | 日常生活 |
| Q30 | 余計な音が入らないようにし，静かな空間を維持するようにしていた | 2.16 | 1.12 | | 学習 |
| Q31 | 音の発生場所から遠くの位置にいるようにさせていた | 2.09 | 1.05 | | 日常生活 |
| Q32 | 音楽をかける時などは予告して驚かないようにしていた | 2.45 | 1.29 | | 日常生活 |
| Q33 | 嫌な音がした時の対処方法について，一緒に考えるようにしていた | 2.37 | 1.12 | | 学習 |
| Q34 | 子どもを抱き上げたり，頭や顔にスキンシップをしたりしていた | 3.08 | 1.38 | †20 | 日常生活 |
| Q35 | 園にはお気に入りの場所があるので，そこで過ごすことも認めていた | 2.81 | 1.26 | | 日常生活 |
| Q36 | みんなと活動しようという気持ちになった時まで見守っていた | 3.07 | 1.13 | †21 | 学習 |
| Q37 | 遊びでは，他の子が勝つかもしれないことを伝えるようにしていた | 2.52 | 1.26 | | 遊び |
| Q38 | こだわって泣く時には，その場から離れて落ち着かせるようにしていた | 2.85 | 1.28 | | トラブル |
| Q39 | 勝ち負けだけでなく，いろいろなルールのある遊びに変えて工夫していた | 3.21 | 1.18 | †22 | 遊び |
| Q40 | もの分かりがよかった時には，成長したと褒めるようにしていた | 3.72 | 1.19 | †23 | 日常生活 |

| Q41 | ルールにこだわらず，子どもたちが楽しむこと を考えるようにしていた | 3.39 | 1.08 | †24 | 遊び |
|------|------|------|------|------|------|
| Q42 | 失敗しても大丈夫であることを伝えるようにし ていた | 3.89 | 1.11 | †25 | 学習 |
| Q43 | ルールをわかりやすく簡潔明瞭に説明するよう にしていた | 3.80 | 1.23 | †26 | 遊び |
| Q44 | ルールのある遊びでは，子どもの理解に応じて 参加の仕方を工夫していた | 3.61 | 1.15 | †27 | 遊び |
| Q45 | 静かな場所に移動して，興奮をしずめるように していた | 2.91 | 1.28 | | トラブル |
| Q46 | 落ち着ける場所に行くようにうながし，そこで は好きな遊びができるようにしていた | 2.61 | 1.14 | | トラブル |
| Q47 | 興奮する時は子どもの雰囲気でわかり，とっさ に気分転換を図るようにしていた | 2.67 | 1.11 | | トラブル |
| Q48 | 遊びが止められない時には，次の活動の道具を見 せて誘導するようにしていた | 2.99 | 1.17 | | 遊び |
| Q49 | 後片付けは，一緒に行い，活動の終わりをきち んとした形で伝えるようにしていた | 3.72 | 1.23 | †28 | 日常生活 |
| Q50 | 「終わり」のサインをわかりやすくつたえるよ うにいろいろな工夫をしていた | 3.23 | 1.19 | †29 | 日常生活 |
| Q51 | 子どもの一日のスケジュール表などを作って活 用していた | 2.15 | 1.23 | | 日常生活 |
| Q52 | 発音が不明瞭でも，ゆったりとした感じで耳を 傾けていた | 3.61 | 1.30 | †30 | 日常生活 |
| Q53 | 子どもの話そうとする意欲を大切にして，発音 自体にはこだわっていないようだった | 3.64 | 1.28 | †31 | 日常生活 |
| Q54 | 言葉を離さない子に対しても，言葉を投げかけ て説明するようにしていた | 3.72 | 1.27 | †32 | 日常生活 |
| Q55 | 周囲の子どもへの影響が大きいため，その場で すぐに説得し，なだめるようにしていた | 3.03 | 1.21 | †33 | トラブル |
| Q56 | 強い口調で，がまんさせるようにしていた | 2.04 | 1.17 | | 日常生活 |
| Q57 | 活動が中断するので，こだわりは認めないよう にしていた | 2.00 | 1.04 | | 日常生活 |
| Q58 | 多くの刺激の中で生活することを考えれば，い ろいろな刺激を与えていた | 2.89 | 1.06 | | 学習 |
| Q59 | 集団活動では，静かに待っているように，体を おさえるようにしていた | 2.19 | 1.24 | | 学習 |
| Q60 | 叩いた場合には，すぐに止めさせ，言葉で謝ら せるようにしていた | 3.48 | 1.34 | †34 | トラブル |
| Q61 | 叩かれた痛みを分からせるために同じようなこ とをして，二度と叩かないように教えていた | 2.15 | 1.37 | | 学習 |

第5章 研究4 幼稚園教師のAD指導態度尺度の作成 57

| Q62 | 叩くことは，相手を傷つけることなので，体罰以外のペナルティを与えるようにしていた | 1.87 | 1.13 | | トラブル |
|---|---|---|---|---|---|
| Q63 | トラブルは日常茶飯事なので，保護者にはいちいち説明しないようだった | 2.17 | 1.06 | | トラブル |
| Q64 | トラブルを経て子どもは成長するので，少々のケンカはあった方がよいと思っていた | 3.09 | 1.10 | †35 | トラブル |
| Q65 | 興奮した時には，自分でコントロールできるようにがまんさせていた | 2.28 | 1.06 | | トラブル |
| Q66 | 先生たちで連絡を取り合って連携して，居場所を確認するようにしていた | 3.36 | 1.12 | †36 | 日常生活 |
| Q67 | 子どもが外に出られないように，環境を工夫するようにしていた | 2.73 | 1.20 | | 日常生活 |
| Q68 | 集団でいることの大切さを理解させるために帰ってきた後には言い聞かせていた | 2.77 | 1.15 | | 学習 |
| Q69 | 二度と勝手な行動をしないように約束させるようにしていた | 2.47 | 1.21 | | 日常生活 |
| Q70 | 集団行動に慣れるように無理やり参加させるようにしていた | 2.08 | 1.16 | | 学習 |
| Q71 | 耐える力をつけるために参加させ頑張らせていた | 2.59 | 1.32 | | 日常生活 |
| Q72 | 絵カードや写真を提示し，その子がイメージをもてるようにしていた | 2.83 | 1.21 | | 学習 |
| Q73 | 活動参加は無理な場合は，最初から参加させないようにしていた | 2.03 | 1.07 | | 学習 |
| Q74 | 他の子どもとの間に先生が入って，一緒に遊ぶように誘うようにしていた | 3.28 | 1.09 | | 遊び |
| Q75 | 「友達となかよく遊ぼうね」と言葉をかけ，友達と一緒に遊ばせるようにしていた | 2.95 | 1.17 | | 遊び |
| Q76 | 周囲の子どもたちに，一人で遊んでいる子を誘うように声がけするようにしていた | 2.56 | 1.27 | | 遊び |
| Q77 | いろいろな遊びを経験して欲しいので，最初は嫌がっても無理に遊ぶようにうながしていた | 2.03 | 1.14 | | 遊び |
| Q78 | いろいろな食物を食べて欲しいので，最初は嫌がっても少しでも食べるように勧めていた | 3.48 | 1.21 | †37 | 給食 |
| Q79 | 好きなものに嫌いなものを混ぜて食べるように工夫していた | 2.93 | 1.40 | | 給食 |
| Q80 | 食事は体を作る大切なことなので，少々無理をしてでも強引に食べさせていた | 2.47 | 1.22 | | 給食 |
| Q81 | 嫌いなものを食べたら，好きなものを食べることができるようにしていた | 2.56 | 1.21 | | 給食 |
| Q82 | 平等な観点から，みんなと同じ量を食べるように指導していた | 2.36 | 1.28 | | 給食 |

| | | | | | |
|---|---|---|---|---|---|
| Q83 | 時間を決めて食べさせており，時間が過ぎたら片付けさせるようにしていた | 2.39 | 1.31 | | 学習 |
| Q84 | 音にも慣れて欲しいので，できる限り耳ふさぎはやめるように本人に指導していた | 1.83 | 1.01 | | 日常生活 |
| Q85 | 日常には音が溢れており，耐える力もついて欲しいので，その子だけ特別扱いはしないようにしていた | 2.41 | 1.18 | | 日常生活 |
| Q86 | 幼さは発達の遅れなので，活動ができないのであればそのままにしていた | 2.03 | 0.97 | | 日常生活 |
| Q87 | 自由にふるまう行動は，わがままとしてとらえて指導していた | 2.04 | 0.99 | | 日常生活 |
| Q88 | 一つにこだわることは，いけないことだと説明し，止めさせるようにしていた | 1.83 | 0.96 | | 日常生活 |
| Q89 | こだわるのであれば，その遊び自体をやめにしていた | 1.79 | 1.00 | | 遊び |
| Q90 | 遊びで勝ち負けで競争させるようにして，子どもの意欲を高めるようにしていた | 2.63 | 1.23 | | 遊び |
| Q91 | ルールは集団遊びでは大切なので，きちんと教えるようにしていた | 3.53 | 1.21 | †38 | 遊び |
| Q92 | ルールが守れない時には，その場で注意するようにしていた | 3.25 | 1.33 | †39 | 遊び |
| Q93 | 社会的なルールは，場面をとらえて練習するようにしていた | 3.28 | 1.05 | †40 | 遊び |
| Q94 | 興奮しているときには，その場は無視するようにしていた | 2.05 | 1.08 | | 日常生活 |
| Q95 | 興奮することは「はずかしいよ」と注意し，自分の力でしずまるように見守るようにしていた | 1.96 | 1.03 | | 日常生活 |
| Q96 | 次の時間があるので，強制的でも終了させるようにしていた | 2.40 | 1.20 | | 学習 |
| Q97 | 言葉で「おしまい」であることを繰り返し伝えて，言葉で理解させるようにしていた | 3.15 | 1.30 | †41 | 学習 |
| Q98 | 言葉が不明瞭な子には，正しい発音を示して指導していた | 2.40 | 1.16 | | 日常生活 |
| Q99 | 言葉を話さない子には，話させる機会をたくさんつくっていた | 3.07 | 1.09 | †42 | 日常生活 |
| Q100 | 言葉に反応を示さない子には，明瞭な口調で意図的に話しかけていた | 3.04 | 1.12 | †43 | 日常生活 |

†：平均値3.00以上

第5章 研究4 幼稚園教師の AD 指導態度尺度の作成 59

## Table 13 幼稚園教師の支援行動の平均値と標準偏差 (*N* = 381)

| | 支援行動 | 平均値 | 標準偏差 |
|---|---|---|---|
| 1 | 発音が不明瞭でも，ゆったりとした感じで耳を傾けている | 3.81 | 0.98 |
| 2 | あまり言葉を話さない子には，話す機会をつくっている | 3.68 | 0.96 |
| 3 | 泣いたり暴れたりした時には，周囲の子どもへの影響を考え，その場でなだめるようにしている | 3.18 | 1.01 |
| 4 | みんなと活動しようという気持ちになった時まで見守っている | 3.35 | 0.91 |
| 5 | 本人や周囲の活動に支障がないのであれば，こだわりは認めている | 3.72 | 0.87 |
| 6 | 叩かれた子どもや周囲には，「大丈夫だよ」などといい安心させるようにしている | 3.56 | 1.02 |
| 7 | 活動に参加する所と無理に参加させない所を分けて考えている | 3.35 | 1.10 |
| 8 | かんしゃくを起こす様子を観察し，原因を探ろうとしている | 3.74 | 0.98 |
| 9 | 言葉に反応を示さない子には，はっきりとした口調で話しかけている | 3.66 | 0.96 |
| 10 | できるだけすばやく，叩く行為を止めさせ，本人が落ち着ける場所に移動している | 3.28 | 1.04 |
| 11 | 言葉を話さない子に対しても，言葉を投げかけて説明するようにしている | 3.88 | 0.99 |
| 12 | 子どもの話そうとする意欲を大切にして，発音自体にはこだわらないようにしている | 3.8 | 0.98 |
| 13 | 叩く以外の，やりとりの仕方をその場で教えるようにしている | 3.92 | 1.05 |
| 14 | 子どもを抱き上げたり，スキンシップをしたりしている | 4.08 | 0.82 |
| 15 | 次にすることが分かるように絵や具体物を提示し，伝えている | 3.34 | 1.11 |
| 16 | ルールをわかりやすく簡潔明瞭に説明するようにしている | 4.01 | 0.77 |
| 17 | ルールのある遊びでは，子どもの理解に応じて参加の仕方を工夫している | 3.81 | 0.84 |
| 18 | ルールが守れない時には，その場で注意するようにしている | 3.67 | 0.90 |
| 19 | 一人で遊んでいる時には，子どものペースを尊重するようにしている | 3.99 | 0.80 |
| 20 | 社会的なルールは，場面をとらえて一緒に練習するようにしている | 3.77 | 0.79 |
| 21 | 勝ち負けだけでなく，いろいろなルールのある遊びに変えて工夫している | 3.52 | 0.90 |
| 22 | ルールは集団遊びでは大切なので，きちんと教えるようにしている | 3.65 | 0.78 |
| 23 | 成長したと感じられた時には，はっきりと褒めるようにしている | 4.59 | 0.58 |

| | | | |
|---|---|---|---|
| 24 | 活動内容に見通しがもてるような工夫をしている | 3.86 | 0.79 |
| 25 | 叩いた場合には，すぐに止めさせ，言葉で謝らせるようにしている | 3.47 | 1.01 |
| 26 | 一人でいる子どもと他の子どもも同じ空間で過ごすようにさせている | 3.68 | 0.86 |
| 27 | いろいろな食べ物を食べて欲しいので，少しでも食べるように勧めている | 4.04 | 0.95 |
| 28 | 興味のありそうなもので遊びに誘うようにして他の子とかかわりをもつようにしている | 3.88 | 0.83 |
| 29 | 友達とのかかわりをもてるように，楽しんで食事をする工夫をしている | 3.69 | 0.87 |
| 30 | 活動の前には，事前学習にも時間をかけて指導している | 2.99 | 1.02 |
| 31 | 言葉で「おしまい」であることを繰り返し伝えて，次に活動をうながすようにしている | 3.43 | 1.01 |
| 32 | 一緒に遊べるように他の子どもとの間に先生が入って，誘うようにしている | 3.81 | 0.91 |

381学級，381学級担任教師，対象幼児7,943名であった。まず，基本統計量の各項目の平均値と標準偏差を求めた（Table 13）。

次に，教師のAD指導態度を想定した項目について探索的な因子分析（プロマックス法）を実施した（Table 14）。

第1因子に.350以上の高い因子負荷量を示し，他因子では.350未満の項目について解釈を行った。その結果，第1因子には「言葉を話さない子に対しても，言葉を投げかけて説明するようにしている（0.858）」，「いろいろな食べ物を食べて欲しいので，少しでも食べるように進めている（0.445）」，「一人でいる子どもと他の子どもも同じ空間で過ごすようにさせている（0.375）」，「興味のありそうなもので遊びに誘うようにして他の子とかかわりをもつようにしている（0.366）」などが高い負荷量があった。

第2因子では「活動内容に見通しがもてるような工夫をしている（0.653）」，「ルールをわかりやすく簡潔明瞭に説明するようにしている（0.571）」，「次にすることがわかるように絵の具や具体物を提示し，伝えている（0.552）」，「成長したと感じられた時には，はっきりと褒めるようにし

第5章　研究4　幼稚園教師の AD 指導態度尺度の作成　　61

## Table 14　幼稚園教師の支援行動の因子分析（プロマックス法）

| 採用項目 | 支援行動 | 因子1 | 因子2 |
|---|---|---|---|
| A項目 | ・言葉を話さない子に対しても，言葉を投げかけて説明するようにしている | 0.858 | −0.120 |
| A項目 | ・言葉に反応を示さない子には，はっきりとした口調で話しかけている | 0.824 | −0.204 |
| A項目 | ・あまり言葉を話さない子には，話す機会をつくっている | 0.597 | 0.045 |
| A項目 | ・子どもの話そうとする意欲を大切にして，発音自体にはこだわらないようにしている | 0.529 | −0.011 |
| A項目 | ・いろいろな食べ物を食べて欲しいので，少しでも食べるように勧めている | 0.445 | 0.150 |
| A項目 | ・発音が不明瞭でも，ゆったりとした感じで耳を傾けている | 0.435 | 0.124 |
| A項目 | ・一人でいる子どもと他の子どもも同じ空間で過ごすようにさせている | 0.375 | 0.112 |
| A項目 | ・興味のありそうなもので遊びに誘うようにして他の子とかかわりをもつようにしている | 0.366 | 0.313 |
| D項目 | ・活動内容に見通しがもてるような工夫をしている | −0.216 | 0.653 |
| D項目 | ・活動の前には，事前学習にも時間をかけて指導している | −0.046 | 0.584 |
| D項目 | ・ルールをわかりやすく簡潔明瞭に説明するようにしている | 0.159 | 0.571 |
| D項目 | ・ルールのある遊びでは，子どもの理解に応じて参加の仕方を工夫している | 0.159 | 0.558 |
| D項目 | ・勝ち負けだけでなく，いろいろなルールのある遊びに変えて工夫している | 0.000 | 0.557 |
| D項目 | ・次にすることが分かるように絵や具体物を提示し，伝えている | −0.072 | 0.552 |
| D項目 | ・社会的なルールは，場面をとらえて一緒に練習するようにしている | 0.051 | 0.508 |
| D項目 | ・友達とのかかわりをもてるように，楽しんで食事をする工夫をしている | 0.182 | 0.469 |
| D項目 | ・成長したと感じられた時には，はっきりと褒めるようにしている | 0.063 | 0.370 |
| | 分散の% | 30.62 | 10.97 |
| | 累積% | 30.62 | 41.58 |

因子間相関

| | | 因子1 | 因子2 |
|---|---|---|---|
| | 因子1 | 1 | 0.553 |
| | 因子2 | 0.553 | 1 |

ている（0.37）」であった。第1因子は「受容的（A）指導態度」で分散の寄与率は30.62%，第2因子は「要求的（D）指導態度」で分散の寄与率は10.97%で，累積寄与率41.58%で，この2因子の解釈が可能であった。因子間相関は，0.553であった。

さらに尺度の内的整合性を検討するためにI‐T相関と信頼性を確かめるに $\alpha$ 係数を求めた。

その結果，「受容的（A）指導態度」の $\alpha$ 係数 = .802，「要求的（D）指導態度」の $\alpha$ 係数 = .793であった。これから，A尺度は8項目，D尺度は9項目の2つの下位尺度からなる教師AD指導態度尺度（自記式）（以下，幼稚園AD尺度）を作成した（Table 15）。

第5章　研究4　幼稚園教師のAD指導態度尺度の作成　　63

### Table 15　幼稚園教師の指導態度AD尺度内のⅠ-T相関

A尺度（8項目）

| | 内容 | 尺度内相関 | α係数 |
|---|---|---|---|
| A項目 | ・言葉を話さない子に対しても，言葉を投げかけて説明するようにしている | 0.673 | |
| A項目 | ・言葉に反応を示さない子には，はっきりとした口調で話しかけている | 0.602 | |
| A項目 | ・あまり言葉を話さない子には，話す機会をつくっている | 0.562 | |
| A項目 | ・子どもの話そうとする意欲を大切にして，発音自体にはこだわらないようにしている | 0.475 | 0.802 |
| A項目 | ・いろいろな食べ物を食べて欲しいので，少しでも食べるように勧めている | 0.467 | |
| A項目 | ・発音が不明瞭でも，ゆったりとした感じで耳を傾けている | 0.449 | |
| A項目 | ・一人でいる子どもと他の子どもも同じ空間で過ごすようにさせている | 0.391 | |
| A項目 | ・興味のありそうなもので遊びに誘うようにして他の子とかかわりをもつようにしている | 0.486 | |

D尺度（9項目）

| | 内容 | 尺度内相関 | α係数 |
|---|---|---|---|
| D項目 | ・活動内容に見通しがもてるような工夫をしている | 0.468 | |
| D項目 | ・活動の前には，事前学習にも時間をかけて指導している | 0.502 | |
| D項目 | ・ルールをわかりやすく簡潔明瞭に説明するようにしている | 0.565 | |
| D項目 | ・ルールのある遊びでは，子どもの理解に応じて参加の仕方を工夫している | 0.584 | 0.793 |
| D項目 | ・勝ち負けだけでなく，いろいろなルールのある遊びに変えて工夫している | 0.493 | |
| D項目 | ・次にすることが分かるように絵や具体物を提示し，伝えている | 0.470 | |
| D項目 | ・社会的なルールは，場面をとらえて一緒に練習するようにしている | 0.470 | |
| D項目 | ・友達とのかかわりをもてるように，楽しんで食事をする工夫をしている | 0.482 | |
| D項目 | ・成長したと感じられた時には，はっきりと褒めるようにしている | 0.339 | |

# 第6章　研究5　幼稚園教師のAD指導態度と「気になる子ども」の認知との関係

## 第1節　発達障害の歴史的経緯

### 1　発達障害について

　2004（平成16）年に制定された『発達障害者支援法』で，発達障害を「自閉症，アスペルガー症候群その他の広汎性発達障害，学習障害，注意欠陥多動性障害その他これに類する脳機能の障害であってその症状が通常低年齢において発現するものとして政令に定めるものをいう」と規定している。上野（2005）によれば，法律用語に障害の内容に重複が見られるが，この法律はこれまで見過ごされてきた知的障害に含まれない方々に対して，一刻も早い支援施策が求められていたため，関係者の努力が結実し議員立法されたものとされる。また，自閉症は知的障害を併せもっていることが多くみられ，それと区別するために高機能自閉症という新たな用語が使われている。

　発達障害については，1999（平成11）年7月に文部科学省の「学習障害及びこれに類似する学習上の困難を有する児童生徒の指導方法に関する調査協力者会議」の報告があり，学校に在籍するLD，ADHD，高機能自閉症などの子どもに対する指導について教育的に対応する上で考えられてきた言葉である。

　それまで高機能自閉症や注意欠如多動性障害（ADHD），学習障害（LD）包括する明確な言葉はなかった。医学で用いられていた軽度知的障害という言葉は，障害の程度が軽度のように見えるのであり，それが支援の程度も軽

度であると誤解されやすく，軽度という言葉は使用に当たって慎重であった。

　つまり，知的機能は低くないが，対人関係で重篤な困難を抱えているため，必ずしも知的に軽度ということが適切ではなく，知的障害はないが社会適応面に障害がある子どもたちのカテゴリーとして「発達障害」という言葉をあてたと思われる。2007（平成19）年３月の文部科学省は通達を出し，軽度という言葉は使わずに「発達障害」という用語に統一している。これによって教育上，発達障害は，①広汎性発達障害（自閉性障害），②特異性発達障害（学習障害），③行動の問題をもつ ADHD 等を総称してとらえている。

　さらに，2013年に DSM-5の改訂により，自閉症の診断基準が変更され，広汎性発達障害やアスペルガー障害という診断名から自閉症スペクトラム障害（ASD；Autistic Spectrum Disorder）に変更されている。このように診断名や障害の概念，定義は，時代によって変わっていくものであり，今後も医療や福祉，教育関係機関での検討がなされていくと思われる。

## 2　「気になる子ども」について

　近年は幼稚園や保育所において「気になる子ども」の存在が，発達障害（LD，ADHD，ASD）との関連で指摘されることが多く，特別支援教育の進展とともに幼稚園現場で関心が高くなってきている。幼稚園において「気になる子ども」には明らかに障害があるとはいえないが，自閉症スペクトラム障害（DSM-Ⅳでは広汎性発達障害；PDD）が疑われる子どもが多いと思われ，丁寧な支援が求められている。

　幼児期における「気になる子ども」についての研究は，本郷・澤江・鈴木・小泉・飯島（2003），佐々木（2004），星山（2004），平澤・藤原・山根（2005），佐藤・小西（2007），内山・諏訪・安倍（2009），嶋野（2009），徳田・田熊・水野（2010）が保育所・幼稚園での生活環境との関連で検討している。その中で，本郷・澤江・鈴木・小泉・飯島（2003）は，「気になる子ども」の定義を，調査時点では何らかの障害があるとは認定されていないが，保育

者にとって保育が難しいと考えられている子どもを，「気になる子ども」としている。そして，保育所（園）の調査から保育の場における，「気になる子ども」の行動特徴として，「対人トラブル」「落ち着きのなさ」「順応性の低さ」「ルール違反」「その他，衝動性」の5因子を見出している。

友久・滋野井（2010）は，「発達障害児と気になる子との区別はできないが，気になる子は，脳の機能障害ではなく，多くは乳幼児からの親の不適切な養育のあり方が原因である」という見方をしている。いずれにしても保育所（園）での「気になる子ども」とは，発達障害の医学的診断があるなしにかかわらず何かしらの教育的支援を必要としている子どもであることには変わりなく，そういった子どもに対する支援のあり方についての検討は幼稚園，保育所（園）で喫緊の課題となっている。

本研究においても，「気になる子ども」は最初から何らかの行動的な基準や問題があると決めつけずに，幼稚園教師が「気になる」という主観的な「気づき」によって，「気になった」子どもを「気になる子ども」とした。つまり，幼稚園教師が日頃の教育活動において，何らかの気になる行動特徴を示している子どもを主観的にとらえた認知ということになる。ゆえに発達障害の子どもも含まれることもある。

幼稚園や保育所（園）の保育・教育活動において教師の「気になる」ことが明らかになったことに対して，それは「気づき」であり，そこで保育者が「気になる」と認知した子どもの行動特徴に対する支援のあり方を探る可能性がでてくると思われる。「気づき」があるかないかという保育者の主観的な問題にもなってくるため，「気になる子ども」の支援を考えていくときに，幼稚園教師は子どもの行動特徴にどのような「気づき」をもっているのかが重要になってくる。

そこで，本研究の目的は，幼稚園に在籍する「気になる子ども」に対し，学級担任は子どものどのような行動特徴をもつ子どもを「気になる子ども」と認知し，それに対する支援行動から，どのような指導態度でかかわってい

68

るのかを検討する。

## 第2節　幼稚園における「気になる子ども」の認知

### 1　教育実習生の場合

#### （1）　目的

　短期大学生が教育実習をとおしてとらえる「気になる子ども」の行動特徴に一定の認知傾向があるかを検討することを目的とする。

#### （2）　方法

　①調査対象：2007年に幼稚園で教育実習したＡ短期大学生163名（うち男性10名，女性153名）。対象となった教育実習先は公立幼稚園28園，私立幼稚園70園。および2009年に幼稚園で教育実習した144名（うち男性12名，女性132名）。対象となった教育実習先は公立幼稚園20園，私立幼稚園72園。以上の合計307名。教育実習期間中に子どもとかかわりをもち観察できる時間は午前9時頃〜午後2時頃までで，観察対象となる子どもの年齢は3歳〜5歳（就学前）である。

　②調査時期：2007年6月と2009年6月の15日間。

　③材料：教育実習を行った学生から，「実習中に気になった子どもはどのような行動を示す子どもでしたか？　自由に記述してください」と「気になる子ども」の様子を想起してもらい，自由記述を求めた。嶋野（2007a，2007b）によって整理された114項目を5件法（「まったくあてはまらない」（1点）〜「たいへんあてはまる」（5点））により回答を求めた（APPENDIX 11）。

　④手続き：教育実習を終了した学生に対して，短期大学の授業の中で調査を実施し，その場で回収した。

## （3） 結果と考察

有効回答の253名（回収率82%）について平均値と標準偏差を求めた（Table 16）。

次に，「どちらともいえない（3.00）」と「あまり気にならない（2.00）」の中間である2.50以上の平均値である56項目について因子分析を実施した。最初に6因子を想定した主成分分析をした後にバリマックス回転を行った。第1因子に負荷量が.400以上で，他因子で.400以上を示す項目を除いた項目によって解釈を行った（Table 17）。

その結果，解釈可能な5因子が見出された。第1因子に負荷量が高かった項目は「自分中心で喧嘩やトラブルを起こす（0.793）」，「言葉より手足がすぐ出て人を叩く（0.783）」など13項目であった。第2因子に負荷量が高かった項目は「言葉を話さない（0.770）」，「友達と会話ができない（0.687）」など9項目であった。第3因子に負荷量が高かった項目は「話に一貫性が無い（0.708）」，「言葉が時と場所に合っていない（0.678）」など12項目であった。第4因子に負荷量が高かった項目は「落ち着きがない（0.750）」，「多動である（0.738）」など7項目であった。第5因子に負荷量が高かった項目は「言葉をはっきりといえない（0.726）」，「友達とのコミュニケーションが苦手（0.569）」など7項目であった。他8項目は解釈不能な項目であった。

解釈が可能であった項目を検討した結果，それぞれ第1因子が「対人的トラブル」因子，第2因子が「言葉によるコミュニケーション」因子，第3因子が「自閉性」因子，第4因子が「多動性」因子，第5因子が「全体的な発達の遅れ」因子と命名された。

この5因子には46.27%の累積因子寄与率があり，十分な説明が可能であると考えられた。


## （4） まとめと今後の課題

ここで抽出された因子から考えられることは，これまで子どもの反社会的

## Table 16 　全項目の平均値と標準偏差

$(N = 253)$

| 項目 | 平均値 | 標準偏差 |
|---|---|---|
| Q 1　みんなと同じ集団活動ができない | 3.89 | 0.99 |
| Q 2　先生や友達の話を聞くことができない | 3.56 | 1.02 |
| Q 3　言葉を話さない | 2.72 | 1.48 |
| Q 4　あまりしゃべらない | 2.69 | 1.34 |
| Q 5　オウム返しをする | 2.24 | 1.37 |
| Q 6　すぐに水道に行き水遊びをする | 2.36 | 1.35 |
| Q 7　多動である | 3.43 | 1.26 |
| Q 8　落ち着きがない | 3.79 | 1.07 |
| Q 9　物を叩く，壊す，乱暴に扱う | 2.88 | 1.39 |
| Q10　人にちょっかいを出す | 3.15 | 1.28 |
| Q11　友達とのコミュニケーションが苦手 | 3.36 | 1.17 |
| Q12　乱暴な振舞い | 2.97 | 1.37 |
| Q13　言葉より手足がすぐ出て人を叩く | 3.04 | 1.46 |
| Q14　発音がうまくできない | 3.06 | 1.33 |
| Q15　排泄を先生と一緒でないとしない | 2.21 | 1.29 |
| Q16　話の意味が理解できない | 2.75 | 1.20 |
| Q17　指示に従わない | 3.18 | 1.09 |
| Q18　いうことを聞かない | 3.14 | 1.09 |
| Q19　視線が合わない | 2.86 | 1.38 |
| Q20　同じことをしたがる | 2.63 | 1.16 |
| Q21　先生から離れない | 2.34 | 1.22 |
| Q22　おしゃべり | 2.49 | 1.13 |
| Q23　一人でしゃべっている | 2.46 | 1.22 |
| Q24　年長だが，ひらがなが読めない | 2.26 | 1.22 |
| Q25　心から楽しんで遊んでいない | 2.38 | 1.28 |
| Q26　風呂に入らない | 1.98 | 1.31 |
| Q27　自分の物を見せないで隠す | 1.98 | 1.19 |
| Q28　準備をしない | 2.49 | 1.20 |
| Q29　よく廊下，外に出たがる | 2.89 | 1.41 |
| Q30　思い通りにならないと怒る，叫ぶ | 3.23 | 1.49 |
| Q31　眼鏡をかけている | 1.66 | 1.06 |
| Q32　年齢に比べて幼い | 2.96 | 1.32 |
| Q33　人に噛み付く | 2.15 | 1.38 |
| Q34　椅子に座っていられない | 2.73 | 1.37 |
| Q35　言葉の語彙が少ない | 2.77 | 1.24 |
| Q36　みんなと一緒にいるのを嫌がる | 2.35 | 1.27 |
| Q37　言葉をはっきりいえない | 2.99 | 1.26 |
| Q38　常にきょろきょろ目を動かしている | 2.57 | 1.25 |
| Q39　身長が低い | 2.10 | 1.11 |

第6章 研究5 幼稚園教師のAD指導態度と「気になる子ども」の認知との関係 71

| | | | |
|---|---|---|---|
| Q40 | 物事に対して消極的 | 2.28 | 1.15 |
| Q41 | みんなの遊びに参加できない | 3.10 | 1.23 |
| Q42 | 一人遊びが多い | 3.34 | 1.20 |
| Q43 | 行動が遅い | 3.17 | 1.14 |
| Q44 | 自分のスモックを丸めている | 1.90 | 0.98 |
| Q45 | 無表情な子ども | 2.49 | 1.41 |
| Q46 | 話に一貫性が無い | 2.54 | 1.12 |
| Q47 | 言葉が時と場所に合っていない | 2.51 | 1.19 |
| Q48 | 同じ質問を繰り返す | 2.71 | 1.27 |
| Q49 | 思い通りにならないと泣く | 2.99 | 1.36 |
| Q50 | みんなに置いていかれても気にしない | 3.21 | 1.27 |
| Q51 | 自分中心で，喧嘩やトラブルを起す | 3.11 | 1.37 |
| Q52 | ごっこ遊びができない | 2.55 | 1.19 |
| Q53 | どもりがある | 2.49 | 1.28 |
| Q54 | 呼ばれても反応が無い | 2.55 | 1.40 |
| Q55 | 呼ばれても返事をしない | 2.59 | 1.39 |
| Q56 | 衝動的に行動する | 2.92 | 1.29 |
| Q57 | 独特の世界をもっている | 3.26 | 1.24 |
| Q58 | 円を描くようにずっと走っている | 2.04 | 1.32 |
| Q59 | 排泄後にお尻が拭けない | 2.33 | 1.27 |
| Q60 | 友達と会話ができない | 2.62 | 1.29 |
| Q61 | 手の力が弱い | 2.08 | 1.08 |
| Q62 | 納得がいかないと豹変してキレる | 2.65 | 1.48 |
| Q63 | 狭い所に隠れる | 2.17 | 1.24 |
| Q64 | トイレを安定する場としている | 1.83 | 1.10 |
| Q65 | 運動能力が低く，走る，ジャンプするのが難しい | 2.20 | 1.22 |
| Q66 | 乱暴で汚い言葉を使う | 2.66 | 1.37 |
| Q67 | 人にわざとぶつかる | 2.24 | 1.32 |
| Q68 | 誰もいないところで，一人で笑っている | 2.08 | 1.36 |
| Q69 | 塗り絵で，黒や紫一色で塗りつぶす | 2.23 | 1.43 |
| Q70 | 友達とのかかわりがない | 2.62 | 1.38 |
| Q71 | よだれをいつも垂らしている | 2.00 | 1.26 |
| Q72 | 順番などに対するこだわりが強い | 2.63 | 1.37 |
| Q73 | 担任の名前を忘れる | 1.93 | 1.24 |
| Q74 | 自分の世界へ入っている | 2.66 | 1.24 |
| Q75 | ほとんど給食を食べない | 2.80 | 1.45 |
| Q76 | 外国人で話せる言葉が少ない | 1.85 | 1.20 |
| Q77 | 興味がすぐに移りかわる | 2.50 | 1.14 |
| Q78 | 体が弱く園を休みがち | 2.06 | 1.31 |
| Q79 | 所持品を片付けられない | 2.68 | 1.28 |
| Q80 | 赤ちゃん言葉を使う | 2.16 | 1.31 |
| Q81 | お昼寝ができない | 2.09 | 1.26 |

| Q82 | 言葉で表せず，笑ってごまかす | 2.28 | 1.23 |
|-----|------------------------------|------|------|
| Q83 | 人前に出ると黙り込む | 2.48 | 1.26 |
| Q84 | 目立ちたがり屋である | 2.48 | 1.23 |
| Q85 | 人に譲らずに頑固 | 2.92 | 1.24 |
| Q86 | ルールが分からない | 3.10 | 1.21 |
| Q87 | 絵本読みの時，自分の場所から離れて前にくる | 2.68 | 1.38 |
| Q88 | 製作活動ができない | 2.65 | 1.27 |
| Q89 | 砂を口に入れる癖がある | 2.01 | 1.40 |
| Q90 | 認知が弱く，ボーっとしている | 2.37 | 1.34 |
| Q91 | 靴の裏や窓の桟，ほこりが気になっている | 1.79 | 1.26 |
| Q92 | 言葉の最後を濁してしまう | 2.06 | 1.17 |
| Q93 | 先生におんぶをせがむ | 2.24 | 1.30 |
| Q94 | 先生に抱きつく | 2.81 | 1.35 |
| Q95 | 一人でぶつぶつ言って笑っている | 2.10 | 1.36 |
| Q96 | はさみを使うときに手が震える | 1.96 | 1.29 |
| Q97 | 急に話をし出す | 2.35 | 1.20 |
| Q98 | 家ではしゃべるが，園では一言もしゃべらない | 2.20 | 1.48 |
| Q99 | 大きな音が苦手 | 2.27 | 1.30 |
| Q100 | 言われたことが，なかなかできない | 3.07 | 1.15 |
| Q101 | 同年齢の子と遊ばずに，横になっている | 2.21 | 1.34 |
| Q102 | いつものパターンを乱されるのを嫌がる | 2.39 | 1.37 |
| Q103 | 集中力が無い | 3.12 | 1.21 |
| Q104 | 周りのことばかり気にしすぎる | 2.41 | 1.22 |
| Q105 | 一人で騒いでいる | 2.42 | 1.36 |
| Q106 | ゲームでは1番にならないと泣く | 2.11 | 1.25 |
| Q107 | 着替えを先生が手伝わないとしない | 2.47 | 1.30 |
| Q108 | 周りの人や物に対していたずらをする | 2.68 | 1.36 |
| Q109 | 箸をうまく使えない | 2.58 | 1.19 |
| Q110 | ハンカチで弁当を包むことができない | 2.46 | 1.22 |
| Q111 | 自分の所属・居る場所が分からない | 2.31 | 1.33 |
| Q112 | みんなと一緒に歌いたがらない | 2.25 | 1.29 |
| Q113 | 先生の指示がないと何もできない | 2.38 | 1.18 |
| Q114 | 医者を見て，泣いてパニックを起す | 1.89 | 1.18 |

第6章　研究5　幼稚園教師の AD 指導態度と「気になる子ども」の認知との関係　73

## Table 17　教育実習生が認知した「気になる子ども」の行動特徴の因子分析（バリマックス法）

| No. | | 項目 | 因子1 | 因子2 | 因子3 | 因子4 | 因子5 | SMC（重相関係数の2乗） |
|---|---|---|---|---|---|---|---|---|
| Q45 | ☆ | 無表情な子ども | 0.778 | 0.236 | 0.025 | 0.200 | − 0.012 | 0.702 |
| Q60 | ☆ | 友達と会話ができない | 0.777 | 0.109 | 0.296 | 0.174 | − 0.032 | 0.735 |
| Q3 | ☆ | 言葉を話さない | 0.767 | 0.145 | 0.064 | − 0.006 | − 0.043 | 0.616 |
| Q54 | ☆ | 呼ばれても反応が無い | 0.721 | 0.217 | 0.062 | 0.387 | − 0.050 | 0.723 |
| Q70 | ☆ | 友達とのかかわりがない | 0.713 | 0.119 | 0.270 | 0.187 | − 0.013 | 0.630 |
| Q55 | ☆ | 呼ばれても返事をしない | 0.691 | 0.245 | 0.115 | 0.341 | 0.039 | 0.668 |
| Q19 | ☆ | 視線が合わない | 0.684 | 0.162 | 0.308 | 0.076 | − 0.096 | 0.604 |
| Q4 | ☆ | あまりしゃべらない | 0.641 | 0.164 | − 0.057 | − 0.132 | 0.080 | 0.464 |
| Q25 | ☆ | 心から楽しんで遊んでいない | 0.626 | 0.313 | − 0.036 | 0.159 | 0.017 | 0.517 |
| Q83 | ☆ | 人前に出ると黙り込む | 0.608 | 0.090 | − 0.056 | 0.031 | 0.250 | 0.444 |
| Q38 | ☆ | 常にきょろきょろ目を動かしている | 0.570 | 0.186 | 0.285 | 0.324 | − 0.042 | 0.547 |
| Q75 | ☆ | ほとんど給食を食べない | 0.545 | 0.094 | 0.015 | 0.187 | 0.231 | 0.394 |
| Q16 | ☆ | 話の意味が理解できない | 0.542 | 0.038 | 0.349 | 0.082 | 0.082 | 0.430 |
| Q35 | ☆ | 言葉の語彙が少ない | 0.536 | − 0.035 | 0.343 | 0.198 | 0.226 | 0.496 |
| Q37 | ☆ | 言葉をはっきりといえない | 0.519 | 0.051 | 0.345 | − 0.041 | 0.283 | 0.472 |
| Q107 | ☆ | 着替えを先生が手伝わないとしない | 0.493 | 0.218 | 0.156 | 0.425 | 0.006 | 0.495 |
| Q11 | ★ | 友達とのコミュニケーションが苦手 | 0.422 | 0.219 | 0.389 | − 0.283 | 0.194 | 0.495 |
| Q48 | ☆ | 同じ質問を繰り返す | 0.413 | 0.132 | 0.223 | 0.277 | 0.141 | 0.334 |
| Q14 | ☆ | 発音がうまくできない | 0.412 | 0.110 | 0.221 | 0.026 | 0.278 | 0.308 |
| Q47 | ☆ | 言葉が時と場所に合っていない | 0.411 | 0.201 | 0.186 | 0.305 | 0.153 | 0.361 |
| Q110 | ☆ | ハンカチで弁当を包む事ができない | 0.343 | 0.090 | 0.128 | 0.273 | 0.277 | 0.293 |
| Q12 | ★ | 乱暴な振舞い | 0.237 | 0.777 | 0.141 | 0.032 | − 0.007 | 0.681 |
| Q51 | ★ | 自分中心で，喧嘩やトラブルを起す | 0.164 | 0.776 | 0.180 | 0.011 | 0.228 | 0.714 |

| Q13 | ★ | 言葉より手足がすぐ出て人を叩く | 0.184 | 0.772 | 0.117 | −0.011 | 0.030 | 0.644 |
|------|---|------|------|------|------|------|------|------|
| Q9 | ☆ | 物を叩く，壊す，乱暴に扱う | 0.282 | 0.694 | 0.212 | 0.167 | −0.050 | 0.637 |
| Q10 | ★ | 人にちょっかいを出す | −0.158 | 0.686 | 0.177 | −0.068 | 0.219 | 0.579 |
| Q108 | ☆ | 周りの人や物に対していたずらをする | 0.160 | 0.659 | 0.128 | 0.149 | 0.107 | 0.510 |
| Q30 | ★ | 思い通りにならないと怒る，叫ぶ | 0.173 | 0.655 | 0.287 | 0.108 | 0.110 | 0.565 |
| Q66 | ☆ | 乱暴で汚い言葉を使う | 0.347 | 0.637 | −0.072 | 0.164 | 0.088 | 0.565 |
| Q62 | ☆ | 納得がいかないと豹変してキレる | 0.418 | 0.602 | 0.159 | 0.313 | −0.087 | 0.668 |
| Q84 | ☆ | 目立ちたがり屋である | −0.020 | 0.502 | −0.064 | 0.079 | 0.536 | 0.550 |
| Q56 | ☆ | 衝動的に行動する | 0.298 | 0.494 | 0.289 | 0.264 | 0.102 | 0.497 |
| Q49 | ☆ | 思い通りにならないと泣く | 0.179 | 0.482 | 0.236 | 0.035 | 0.274 | 0.396 |
| Q85 | ☆ | 人に譲らずに頑固 | 0.133 | 0.455 | 0.204 | 0.048 | 0.436 | 0.459 |
| Q72 | ☆ | 順番などに対するこだわりが強い | 0.272 | 0.412 | −0.027 | 0.151 | 0.213 | 0.313 |
| Q77 | ☆ | 興味がすぐに移りかわる | 0.079 | 0.366 | 0.173 | 0.308 | 0.311 | 0.361 |
| Q17 | ★ | 指示に従わない | 0.158 | 0.287 | 0.765 | 0.057 | 0.036 | 0.697 |
| Q18 | ★ | いうことを聞かない | 0.113 | 0.365 | 0.718 | 0.088 | 0.059 | 0.673 |
| Q1 | ★ | 皆と同じ集団活動ができない | −0.019 | 0.208 | 0.627 | 0.149 | 0.137 | 0.477 |
| Q42 | ★ | 一人遊びが多い | 0.245 | 0.006 | 0.554 | −0.095 | 0.298 | 0.465 |
| Q7 | ★ | 多動である | −0.013 | 0.355 | 0.534 | 0.158 | −0.137 | 0.455 |
| Q8 | ★ | 落ち着きがない | −0.169 | 0.422 | 0.524 | 0.251 | 0.064 | 0.548 |
| Q2 | ★ | 先生や友達の話を聞く事ができない | 0.165 | 0.152 | 0.521 | 0.160 | 0.086 | 0.355 |
| Q100 | ★ | 言われたことが，なかなかできない | 0.221 | 0.027 | 0.498 | 0.349 | 0.153 | 0.443 |
| Q41 | ★ | 皆の遊びに参加できない | 0.498 | 0.173 | 0.496 | 0.112 | 0.068 | 0.540 |
| Q20 | ☆ | 同じことをしたがる | 0.258 | 0.148 | 0.460 | 0.091 | 0.177 | 0.339 |
| Q50 | ★ | 皆に置いていかれても気にしない | 0.217 | −0.049 | 0.411 | 0.181 | 0.220 | 0.300 |
| Q29 | ☆ | よく廊下，外に出たがる | 0.185 | 0.335 | 0.385 | 0.334 | 0.106 | 0.417 |
| Q52 | ☆ | ごっこ遊びができない | 0.304 | 0.112 | 0.383 | 0.209 | 0.188 | 0.331 |

第6章 研究5 幼稚園教師のAD指導態度と「気になる子ども」の認知との関係 75

| Q57 | ★ | 独特の世界をもっている | 0.000 | 0.043 | 0.374 | 0.114 | 0.303 | 0.246 |
|---|---|---|---|---|---|---|---|---|
| Q28 | ☆ | 準備をしない | 0.281 | 0.313 | 0.345 | 0.255 | 0.176 | 0.392 |
| Q103 | ★ | 集中力がない | 0.202 | 0.189 | 0.320 | 0.550 | 0.210 | 0.526 |
| Q88 | ☆ | 製作活動ができない | 0.479 | 0.029 | 0.193 | 0.540 | 0.195 | 0.597 |
| Q34 | ☆ | 椅子に座っていられない | 0.330 | 0.301 | 0.394 | 0.524 | 0.058 | 0.634 |
| Q87 | ☆ | 絵本読みの時，自分の場所から離れて前にくる | 0.238 | 0.106 | 0.244 | 0.472 | 0.397 | 0.507 |
| Q105 | ☆ | 一人で騒いでいる | 0.374 | 0.442 | 0.193 | 0.452 | −0.007 | 0.576 |
| Q109 | ☆ | 箸をうまく使えない | 0.352 | 0.090 | 0.055 | 0.450 | 0.392 | 0.491 |
| Q79 | ☆ | 所持品を片付けられない | 0.313 | 0.343 | 0.241 | 0.388 | 0.296 | 0.512 |
| Q22 | ☆ | おしゃべり | −0.016 | 0.146 | 0.054 | 0.024 | 0.579 | 0.360 |
| Q32 | ★ | 年齢に比べて幼い | 0.074 | −0.008 | 0.274 | 0.102 | 0.465 | 0.307 |
| Q94 | ☆ | 先生に抱きつく | −0.003 | 0.198 | 0.120 | 0.139 | 0.451 | 0.276 |
| Q43 | ★ | 行動が遅い | 0.146 | −0.045 | 0.427 | −0.050 | 0.436 | 0.398 |
| Q86 | ★ | ルールが分からない | 0.155 | 0.187 | 0.334 | 0.292 | 0.434 | 0.444 |
| 二乗和 | | | 9.872 | 7.637 | 6.436 | 3.833 | 3.399 | |
| 寄与率 | | | 15.67% | 12.12% | 10.22% | 6.08% | 5.39% | |
| 累積寄与率 | | | 15.67% | 27.79% | 38.01% | 44.09% | 49.49% | |

項目内容の★=平均値3.00以上，☆=2.50以上

な行動といわれていた因子が幼児期では第1因子の「対人トラブル」因子と関係していると思われ，非社会的な行動といわれる問題行動にかかわる因子が第2因子の「言葉によるコミュニケーション」因子とかかわっていると思われる。

　さらに，第3因子は自閉症が疑われる自閉症スペクトラム障害の症状と似た行動特徴を示している。第4因子はADHDが疑われる不注意と多動性の症状と似た行動特徴を示している。第5因子は全体的な発達の遅れの行動特徴を示している因子と思われる。

　これにより，教育実習を行った学生の「気になる子ども」に対する，行動特徴の5つの認知傾向が明らかになり，理解と支援の手掛かりを得ることが

できた。

　今後は，これをもとにこれら5因子の行動特徴を示す子どもに対して，学生のかかわり方や支援のあり方について検討したい。

## 2　幼稚園教師の場合

### （1）　目的

　幼稚園等の教育・保育現場においても「受容」と「指導」の大切さは，茂木（2003）によって指摘されているところである。子どもの育ちは心身ともに環境に大きく左右される。そのため，親の育て方，教師の接し方，子ども同士の関係が，その子に影響を及ぼし，問題行動を起こしたり，気になる行動特徴を示したりする。そして，時には心の病の原因となることがある。

　教育現場での子どもの問題行動や気になる行動の教師の「気づき」を大切にして，指導・支援のあり方を教師間で共通理解し，子どもの発達・成長を保障していくことが求められる。

　本研究の目的は，次の3点にある。

　①幼稚園での「気になる子ども」の実態を明らかにする。

　②教師の認知する子どもの「気になる」行動特徴について明らかにすることのできる「気になる子どもチェックリスト」を作成する。

　③「気になる子ども」の行動特徴とその支援行動から幼稚園教師 AD 指導態度を明らかにし，気になる子どもへの支援行動の関連を検討する。

### （2）　方法

　①**調査対象**：A県内131園の担任教師565名に郵送により調査を依頼した。

　②**調査期日**：2013年の6月中旬～7月中旬の1ヵ月。

　③**材料**：本研究の①，②，③の目的のための幼稚園教師に対する「気になる子ども調査」を実施した。この質問紙の作成に当たっては，大学教員1名と幼稚園教員2名（経験20年の主任と経験7年の教諭）によって検討

されたもので，5件法（「まったくあてはまらない」（1点）～「たいへんあてはまる」（5点））を採用した（APPENDIX 12）。

④**手続き**：調査用紙を各幼稚園に郵送し，園長をとおして担任教師に回答を求めた。回答期間は1ヵ月間とした。

## （3）「気になる子ども」の実態調査の結果と考察

回収された調査をもとに基本的な数値を整理し，幼稚園での「気になる子ども」の現状を明らかにした。94園の381名の担任教師から回答を得た。園からの回収率72％で母数は7,943名の幼稚園児と381名の担任教師が分析の対象となった。

### ①「気になる子ども」の存在の実態

幼稚園教師の「気になる子ども」認知数は，全教師381名中，「気になる」子どもが「いる」と回答した学級担任教師は326名の86％，担当している幼児7,943名のうち幼児937名が「気になる子ども」と認知されており，割合は全体の12％であった。

また「いない」と回答した学級担任教師は55名の14％であった。

### ②「気になる子ども」の認知と教職経験

教職経験については，10年以上の経験者が176名で一番多い人数であった。次が5年から10年未満が95名。初任から3年未満が76名，一番少なかったのが3年～5年未満の34名であった。

これらの人数で，「いる」と回答していたのは平均で86％であった。一番低いのは10年以上82％で，一番高いのは2年～5年未満の経験者で30名の88％であった。経験年数によって，認知傾向に差があるようには認められなかった（Table 18）。

### ③「気になる子ども」が「いる」と回答した教員の性別

「気になる子ども」が「いる」，「いない」と回答した学級担任教師の性別，教職経験について整理した。「いる」と回答した結果は，男性教師は15名，

Table 18　幼稚園教師の「気になる子ども」の認知と教職経験

| | 1. 初任〜<br>3年未満 | 2. 3年〜<br>5年未満 | 3. 5年〜<br>10年未満 | 4. 10年以上 | 合計 |
|---|---|---|---|---|---|
| 全回答 | 76名<br>100% | 34名<br>100% | 95名<br>100% | 176名<br>100% | 381名<br>100% |
| いる | 64名<br>84% | 30名<br>88% | 83名<br>87% | 145名<br>82% | 326名<br>86% |
| いない | 11名<br>14% | 4名<br>12% | 11名<br>12% | 29名<br>17% | 55名<br>14% |

女性教師は307名，不明4名であった。幼稚園教師の男女構成については，圧倒的に女性教師が多く，男性教師は少なかった。

　④幼稚園の学級数・学級人数と「気になる子ども」の学級数・人数

　「気になる子ども」は，年少（3歳児）253名（11%），年中（4歳児）323名（12%），年長（5歳児）310名（12%），全体937名（12%）で，各年齢，学級で差はみられなかった。3歳頃の年齢の早い段階から教師は，「気になる子ども」の「気づき」があると考えられる。それは，子どもが年齢を経ても，さほど「気づき」は変わらないで推移していた。

　また，全体937名（12%）のうち男児が659名（70%）に対して，女児が278名（30%）であった。「気になる子ども」の男女比は，7（男児）：3（女児）の割合であることが明らかになった。男児は女児の2.3倍であった。集計はTable 19のとおりである。

　⑤「気になる子ども」の診断名

　結果は，「気になる子ども」の937名のうち診断名が41名についていた。これは，全体の4%であった。なかでも広汎性発達障害（PDD）の診断名のある子どもが目立った。他の96%の子どもについては明確な診断名がない状態，あるいは，「わからない」であった。支援の模索状態，あるいは，わからないままに日々の教育活動が行われていると推測された（Table 20）。

第6章　研究5　幼稚園教師の AD 指導態度と「気になる子ども」の認知との関係　79

Table 19　幼稚園の学級数・学級人数と「気になる子ども」の学級数・人数

| 学級名 | 学級の幼児数 | | | | 「気になる子ども」の存在 | | | |
|---|---|---|---|---|---|---|---|---|
| | 学級数 | 男児 | 女児 | 合計 | 学級数 | 男児 | 女児 | 合計 |
| 未満児 | 9 | 72 | 64 | 136 | 7 | 11 | 5 | 16 |
| （満3歳） | (100%) | (100%) | (100%) | (100%) | (78%) | (15%) | ( 8%) | (12%) |
| 混合 | 16 | 157 | 144 | 301 | 13 | 26 | 8 | 34 |
| | (100%) | (100%) | (100%) | (100%) | (81%) | (17%) | ( 6%) | (11%) |
| その他 | 1 | 1 | 0 | 1 | 1 | 1 | 0 | 1 |
| | (100%) | (100%) | ( 0%) | (100%) | (100%) | (100%) | ( 0%) | (100%) |
| 年少 | 118 | 1,072 | 1,139 | 2,211 | 102 | 168 | 85 | 253 |
| （3歳児） | (100%) | (100%) | (100%) | (100%) | (86%) | (16%) | ( 7%) | (11%) |
| 年中 | 118 | 1,344 | 1,307 | 2,651 | 101 | 222 | 101 | 323 |
| （4歳児） | (100%) | (100%) | (100%) | (100%) | (86%) | (17%) | ( 8%) | (12%) |
| 年長 | 119 | 1,408 | 1,236 | 2,644 | 102 | 231 | 79 | 310 |
| （5歳児） | (100%) | (100%) | (100%) | (100%) | (86%) | (16%) | ( 6%) | (12%) |
| 合計 | 381 | 4,053 | 3,890 | 7,943 | 326 | 659 | 278 | 937 |
| | (100%) | (100%) | (100%) | (100%) | (86%) | (16%) | ( 7%) | (12%) |

## 3　「気になる子どもチェックリスト」の作成

### （1）　目的

　教師の認知する子どもの「気になる」行動特徴について明らかにする「気になる子どもチェックリスト」を作成する。

### （2）　方法

　①調査対象：調査用紙をA県内131園に郵送で依頼し，94園の381名の担任教師から回答を得た。園からの回収率72％で母数は7,943名の幼稚園児と381名の担任教師が分析の対象となった。

　②調査期日：2013年の6〜7月の1ヵ月のうちに実施された。

　③材料：「気になる子ども」の行動特徴の項目については，嶋野（2014）

80

Table 20　診断名の内訳

| 学級名 | 性別 | 診断名あり・診断名（人数） | 人数 |
|---|---|---|---|
| 年少（3歳児） | 男児 | PDD(3)*，自閉症(3)，ダウン症(1)，MR(1)** | 9 |
|  | 女児 | PDD(1) |  |
| 年中（4歳児） | 男児 | PDD(6)，自閉症(1)，境界性発達障害(1)，MR(2)，ASD(2)*** | 15 |
|  | 女児 | PDD(2)，精神遅滞(1) |  |
| 年長（5歳児） | 男児 | PDD(3)，自閉症(1)，アスペルガー障害(1)，MR(3)，ADHD(2) | 13 |
|  | 女児 | 自閉症(2)，MR(1) |  |
| 未満児（満3歳）・混合・その他 | 男児 | PDD(1) 自閉症(1)，MR(1)，アスペルガー障害(1) | 4 |
|  | 女児 | なし |  |
|  |  | 合計 | 41 |

*PDD（広汎性発達障害），**MR（精神遅滞），***ASD（自閉症スペクトラム障害）

　の教育実習生の調査から見出された48項目を分析の対象とし，5件法（「まったくあてはまらない」（1点）～「たいへんあてはまる」（5点））で実施した。

　④手続き：調査用紙を幼稚園に郵送し，園長をとおして依頼し，回答を返送してもらった。


（3）　結果と考察

　「気になる子ども」は「いる」と回答した326名のうち欠損値があった4名は除き，有効回答322名について分析を行った。

　まず，48項目の平均値と標準偏差を算出した（Table 21）。

　次に，「気になる子ども」は「いる」と回答した326名のうち有効回答322名について因子分析（プロマックス法）を行った。1因子に.400以上の因子負荷量で他因子では.400未満の項目について検討したところ解釈可能な4因子

第 6 章　研究 5　幼稚園教師の AD 指導態度と「気になる子ども」の認知との関係　　81

### Table 21　幼稚園教師の「気になる子ども」認知の平均値と標準偏差 $(N = 322)$

| No. | 行動特徴 | 平均値 | 標準偏差 |
|---|---|---|---|
| 1 | 自分中心で，喧嘩やトラブルを起こす | 2.70 | 1.45 |
| 2 | 言葉より手足がすぐ出て人を叩く | 2.35 | 1.40 |
| 3 | 乱暴な振る舞いをする | 2.20 | 1.34 |
| 4 | 物を叩く，壊す，乱暴に扱う | 2.10 | 1.27 |
| 5 | 思い通りにならないと怒る，叫ぶ | 2.82 | 1.49 |
| 6 | 乱暴で汚い言葉を使う | 1.87 | 1.18 |
| 7 | 納得がいかないと豹変してキレる | 2.16 | 1.33 |
| 8 | 人にちょっかいを出す | 2.85 | 1.48 |
| 9 | 周りの人や物に対していたずらをする | 2.55 | 1.42 |
| 10 | 人に譲らず頑固である | 2.68 | 1.36 |
| 11 | 思い通りにならないと泣く | 2.93 | 1.44 |
| 12 | 順番などに対するこだわりが強い | 2.65 | 1.35 |
| 13 | 衝動的に行動する | 2.98 | 1.45 |
| 14 | 言葉を話さない | 2.06 | 1.29 |
| 15 | 友達と会話ができない | 2.55 | 1.38 |
| 16 | 友達とのかかわりがない | 2.33 | 1.22 |
| 17 | 呼ばれても反応がない | 1.89 | 1.04 |
| 18 | あまりしゃべらない | 2.14 | 1.34 |
| 19 | 呼ばれても返事をしない | 1.93 | 1.14 |
| 20 | ほとんど給食を食べない | 2.06 | 1.28 |
| 21 | 製作活動ができない | 2.49 | 1.25 |
| 22 | みんなの遊びに参加できない | 2.76 | 1.25 |
| 23 | 話に一貫性が無い | 2.88 | 1.16 |
| 24 | 言葉が時と場所に合っていない | 2.85 | 1.19 |
| 25 | 同じ質問を繰り返す | 2.47 | 1.24 |
| 26 | 自分の世界へ入っている | 3.21 | 1.20 |
| 27 | 話の意味が理解できない | 2.98 | 1.21 |
| 28 | 同じことをしたがる | 3.03 | 1.18 |
| 29 | 独特の世界をもっている | 3.24 | 1.22 |
| 30 | 言われたことが，なかなかできない | 3.35 | 1.18 |
| 31 | 集中力がない | 3.60 | 1.10 |
| 32 | ごっこ遊びができない | 2.99 | 1.24 |
| 33 | 興味がすぐに移り変わる | 3.32 | 1.21 |
| 34 | ルールが分からない | 3.36 | 1.17 |

| 35 | 落ち着きがない | 3.38 | 1.31 |
|---|---|---|---|
| 36 | 多動である | 2.88 | 1.39 |
| 37 | みんなと同じ集団活動ができない | 2.99 | 1.23 |
| 38 | 先生や友達の話を聞くことができない | 2.98 | 1.08 |
| 39 | いうことを聞かない | 2.57 | 1.17 |
| 40 | よく廊下，外に出たがる | 2.51 | 1.43 |
| 41 | 椅子に座っていられない | 2.49 | 1.26 |
| 42 | 言葉をはっきりといえない | 2.87 | 1.44 |
| 43 | 友達とのコミュニケーションが苦手である | 3.18 | 1.21 |
| 44 | 一人遊びが多い | 3.25 | 1.27 |
| 45 | 発音がうまくできない | 2.91 | 1.43 |
| 46 | 行動が遅い | 2.92 | 1.33 |
| 47 | 言葉の語彙が少ない | 3.12 | 1.43 |
| 48 | 年齢に比べて幼い | 3.68 | 1.26 |

が抽出された（Table 22）。また，探索的に因子分析を行う過程で，因子負荷量が明確でない項目は除かれた。除かれた項目内容は「衝動的に行動する」，「ほとんど給食を食べない」，「製作活動ができない」，「集中力がない」，「ごっこ遊びができない」，「一人遊びが多い」の6項目であった。最終的に42項目が.400以上の因子負荷量で他因子では.400未満の項目として残った。内容を検討した結果，全てにおいて因子としての解釈が可能であった。

　第1因子に負荷量が高かった項目は，「納得がいかないと豹変してキレる（0.877）」，「人に譲らず頑固である（0.840）」，「自分中心で，喧嘩やトラブルを起こす（0.821）」など12項目であった。第2因子に負荷量が高かった項目は，「言葉を話さない（0.963）」，「友達と会話ができない（0.884）」，「あまりしゃべらない（0.851）」など11項目であった。第3因子に負荷量が高かった項目は，「言葉が時と場所に合っていない（0.752）」，「話に一貫性が無い（0.729）」，「話の意味が理解できない（0.718）」など11項目であった。第4因子に負荷量が高かった項目は，「よく廊下，外に出たがる（0.865）」，「椅子に座っていられない（0.812）」，「落ち着きがない（0.777）」など8項目であった。それぞれ，項目の内容を検討した結果，第1因子は，友だちとのトラ

第 6 章　研究 5　幼稚園教師の AD 指導態度と「気になる子ども」の認知との関係　　83

**Table 22　幼稚園教師が認知した「気になる子ども」の行動特徴の因子分析**

| | | 因子 1 | 因子 2 | 因子 3 | 因子 4 |
|---|---|---|---|---|---|
| 1 | 納得がいかないと豹変してキレる | 0.877 | 0.041 | 0.075 | −0.108 |
| 2 | 人に譲らず頑固である | 0.840 | 0.005 | 0.178 | −0.112 |
| 3 | 自分中心で，喧嘩やトラブルを起こす | 0.821 | −0.070 | −0.054 | 0.062 |
| 4 | 言葉より手足がすぐ出て人を叩く | 0.811 | 0.065 | −0.083 | 0.039 |
| 5 | 乱暴な振る舞いをする | 0.807 | 0.078 | −0.156 | 0.078 |
| 6 | 思い通りにならないと怒る，叫ぶ | 0.795 | 0.021 | 0.040 | 0.025 |
| 7 | 乱暴で汚い言葉を使う | 0.699 | −0.079 | 0.002 | −0.045 |
| 8 | 物を叩く，壊す，乱暴に扱う | 0.691 | 0.089 | −0.185 | 0.146 |
| 9 | 順番などに対するこだわりが強い | 0.629 | −0.009 | 0.208 | −0.113 |
| 10 | 思い通りにならないと泣く | 0.571 | 0.042 | 0.174 | −0.038 |
| 11 | 人にちょっかいを出す | 0.465 | −0.189 | −0.004 | 0.224 |
| 12 | 周りの人や物に対していたずらをする | 0.462 | −0.116 | −0.027 | 0.261 |
| 13 | 言葉を話さない | 0.061 | 0.963 | −0.256 | 0.005 |
| 14 | 友達と会話ができない | 0.057 | 0.884 | −0.016 | −0.014 |
| 15 | あまりしゃべらない | −0.099 | 0.851 | −0.140 | −0.114 |
| 16 | 言葉をはっきりといえない | −0.068 | 0.725 | −0.057 | 0.100 |
| 17 | 友達とのかかわりがない | 0.057 | 0.697 | 0.159 | −0.072 |
| 18 | 友達とのコミュニケーションが苦手である | 0.059 | 0.604 | 0.181 | 0.012 |
| 19 | 呼ばれても返事をしない | 0.030 | 0.570 | −0.054 | 0.038 |
| 20 | 発音がうまくできない | −0.062 | 0.548 | 0.072 | 0.090 |
| 21 | 言葉の語彙が少ない | −0.057 | 0.533 | 0.196 | 0.042 |
| 22 | 呼ばれても反応がない | 0.023 | 0.477 | 0.114 | −0.036 |
| 23 | みんなの遊びに参加できない | −0.014 | 0.430 | 0.336 | 0.123 |
| 24 | 言葉が時と場所に合っていない | 0.006 | −0.133 | 0.752 | 0.000 |
| 25 | 話に一貫性が無い | 0.031 | −0.042 | 0.729 | 0.000 |
| 26 | 話の意味が理解できない | −0.061 | 0.086 | 0.718 | −0.014 |
| 27 | 自分の世界へ入っている | 0.121 | −0.038 | 0.717 | −0.076 |
| 28 | 独特の世界をもっている | 0.230 | 0.032 | 0.711 | −0.173 |
| 29 | 同じ質問を繰り返す | 0.029 | −0.094 | 0.630 | −0.067 |
| 30 | 言われたことが，なかなかできない | −0.079 | −0.030 | 0.614 | 0.222 |
| 31 | ルールが分からない | −0.101 | 0.052 | 0.593 | 0.189 |
| 32 | 同じことをしたがる | 0.094 | 0.079 | 0.578 | 0.087 |
| 33 | 行動が遅い | −0.072 | 0.145 | 0.515 | −0.179 |
| 34 | 年齢に比べて幼い | −0.083 | 0.256 | 0.412 | 0.108 |
| 35 | よく廊下，外に出たがる | 0.025 | 0.178 | −0.182 | 0.865 |
| 36 | 椅子に座っていられない | −0.023 | 0.109 | −0.113 | 0.812 |

| 37 | 落ち着きがない | | 0.008 | −0.220 | −0.046 | 0.777 |
| 38 | 多動である | | 0.109 | −0.113 | −0.033 | 0.770 |
| 39 | いうことを聞かない | | 0.224 | 0.110 | 0.006 | 0.646 |
| 40 | 先生や友達の話を聞くことができない | | 0.000 | −0.012 | 0.282 | 0.628 |
| 41 | みんなと同じ集団活動ができない | | −0.048 | 0.086 | 0.271 | 0.607 |
| 42 | 興味がすぐに移り変わる | | −0.053 | −0.055 | 0.245 | 0.581 |
| | 初期の固有値% | | 10.342 | 8.729 | 2.886 | 2.027 |
| | 分散の% | | 24.624 | 20.782 | 6.872 | 4.827 |
| | 累積寄与率 | | 24.624 | 45.407 | 52.279 | 57.106 |
| | 因子間相関 | | | | | |
| | | 因子1 | 1 | −0.422 | −0.111 | 0.521 |
| | | 因子2 | | 1 | 0.443 | 0.02 |
| | | 因子3 | | | 1 | 0.304 |
| | | 因子4 | | | | 1 |

ブルや叩く，物を壊すなどの攻撃的な行動と考えられた。第2因子は，言葉による表現，コミュニケーションの問題，引っ込み思案，人前で話をしなくなる緘黙のように内向的な非社会的行動と考えられた。第3因子は，独特の世界をもっている，一定のことにこだわるなどの自閉的行動と考えられた。第4因子は，教室を勝手に抜け出すとか席に着いていられないなどの多動的行動と考えられた。

　よって，第1因子を「トラブル行動」，第2因子を「非社会的行動」，第3因子を「自閉的行動」，第4因子を「多動的行動」と命名した。これら4因子の累積寄与率は57.106%で，高い説明力をもっていた。さらに，4因子内のI-T相関と，信頼性係数を求めた（Table 23）。

　「トラブル行動」の尺度内相関は0.482～0.852であり，α係数は0.929であった。「非社会的行動」の尺度内相関は0.495～0.807であり，α係数は0.906であった。「自閉的行動」の尺度内相関は0.483～0.731であり，α係数は0.886であった。「多動的行動」の尺度内相関は0.575～0.787であり，α係数は0.907であった。それぞれ高い尺度内相関があり，信頼係数も高い尺度であると思われた。

第6章 研究5 幼稚園教師のAD指導態度と「気になる子ども」の認知との関係 85

## Table 23 「気になる子どもチェックリスト」尺度内のI-T相関と信頼性係数

### 反社会的問題行動尺度（12項目）

| | 内容 | 尺度内相関 | α係数 |
|---|---|---|---|
| 1 | 納得がいかないと豹変してキレる | 0.754 | |
| 2 | 人に譲らず頑固である | 0.737 | |
| 3 | 自分中心で，喧嘩やトラブルを起こす | 0.852 | |
| 4 | 言葉より手足がすぐ出て人を叩く | 0.783 | |
| 5 | 乱暴な振る舞いをする | 0.792 | |
| 6 | 思い通りにならないと怒る，叫ぶ | 0.756 | 0.929 |
| 7 | 乱暴で汚い言葉を使う | 0.677 | |
| 8 | 物を叩く，壊す，乱暴に扱う | 0.718 | |
| 9 | 順番などに対するこだわりが強い | 0.518 | |
| 10 | 思い通りにならないと泣く | 0.482 | |
| 11 | 人にちょっかいを出す | 0.645 | |
| 12 | 周りの人や物に対していたずらをする | 0.657 | |

### 非社会的問題行動尺度（11項目）

| | 内容 | 尺度内相関 | α係数 |
|---|---|---|---|
| 1 | 言葉を話さない | 0.763 | |
| 2 | 友達と会話ができない | 0.807 | |
| 3 | あまりしゃべらない | 0.746 | |
| 4 | 言葉をはっきりといえない | 0.717 | |
| 5 | 友達とのかかわりがない | 0.708 | |
| 6 | 友達とのコミュニケーションが苦手である | 0.641 | 0.906 |
| 7 | 呼ばれても返事をしない | 0.489 | |
| 8 | 周りの人や物に対していたずらをする | 0.596 | |
| 9 | 言葉の語彙が少ない | 0.620 | |
| 10 | 呼ばれても反応がない | 0.495 | |
| 11 | みんなの遊びに参加できない | 0.556 | |

### 自閉的傾向行動尺度（11項目）

| | 内容 | 尺度内相関 | α係数 |
|---|---|---|---|
| 1 | 言葉が時と場所に合っていない | 0.654 | |
| 2 | 話に一貫性が無い | 0.670 | |
| 3 | 話の意味が理解できない | 0.731 | |

| | 内容 | 尺度内相関 | α係数 |
|---|---|---|---|
| 4 | 自分の世界へ入っている | 0.621 | |
| 5 | 独特の世界をもっている | 0.583 | |
| 6 | 同じ質問を繰り返す | 0.524 | 0.886 |
| 7 | 言われたことが，なかなかできない | 0.646 | |
| 8 | ルールが分からない | 0.632 | |
| 9 | 同じことをしたがる | 0.590 | |
| 10 | 行動が遅い | 0.483 | |
| 11 | 年齢に比べて幼い | 0.534 | |

多動的傾向行動尺度（8項目）

| | 内容 | 尺度内相関 | α係数 |
|---|---|---|---|
| 1 | よく廊下，外に出たがる | 0.787 | |
| 2 | 椅子に座っていられない | 0.735 | |
| 3 | 落ち着きがない | 0.697 | |
| 4 | 多動である | 0.764 | 0.907 |
| 5 | いうことを聞かない | 0.739 | |
| 6 | 先生や友達の話を聞くことができない | 0.690 | |
| 7 | みんなと同じ集団活動ができない | 0.642 | |
| 8 | 興味がすぐに移り変わる | 0.575 | |

「トラブル行動」をＡ尺度とし，この尺度は友だちとのトラブルや叩く，物を壊すなどの人や物に対する攻撃的な行動の尺度である。

「非社会的行動」はＢ尺度とし，言葉による表現，コミュニケーションの問題，引っ込み思案，人前で話をしなくなる緘黙のような非社会的，内向的な行動の尺度である。

「自閉的行動」はＣ尺度とし，独特の世界をもっている，一定のことにこだわるなどの行動の尺度である。

「多動的行動」はＤ尺度とし，教室を勝手に抜け出すとか席に着いていられないなどの行動の尺度である。以上の４つの下位尺度から構成される「気になる子どもチェックリスト」が作成された（APPENDIX 13）。

## 第3節　幼稚園教師の AD 指導態度と「気になる子ども」の
　　　　認知との関係

### 1　目的

　本研究の目的は，幼稚園において教師から「気になる子ども」と認知される子どもの存在を明らかにし，教師の指導態度と支援行動の関連について検討することにある。

　調査で「気になる子ども」が「いる」と回答した学級担任教師は326名の86％，幼児7,943名中937名（12％）であった。また，「気になる子ども」の存在が，937名のうち診断名が41名についていた。これは全体の4％であり，他の96％の子どもについては，明確な診断名がない様子見の状態，支援の模索状態，あるいは，わからないままに毎日の教育活動が行われていると推測された。

　本研究では，幼稚園において教師から「気になる子ども」と認知される子どもの存在を明らかにし，作成した「気になる子どもチェックリスト」によって顕著化された行動特徴の子どもに対して，担任教師はどのような AD 指導態度でかかわりをもっているのかの関連について検討する。

### 2　方法

#### （1）　調査対象
　A県131園の担任教師565名。

#### （2）　調査期間
　2013年の6月中旬〜7月中旬の1ヵ月。

（3） 材料

①「気になる子どもチェックリスト」：本研究にて作成された。「トラブル的行動」12項目，「非社会的行動」11項目，「自閉的行動」11項目，「多動的行動」8項目の4つの下位尺度で構成される。5件法（「まったくあてはまらない」（1点）～「たいへんあてはまる」（5点））を採用した。

②「幼稚園教師 AD 尺度（自記式）」：教師の指導態度を明らかにするために作成された自記式の幼稚園教師 AD 指導尺度である。受容的（A）指導態度8項目，要求的（D）尺度9項目の2つの下位尺度で構成される。5件法（「まったくあてはまらない」（1点）～「たいへんあてはまる」（5点））を採用した（APPENDIX 14）。

（4） 手続き

調査は郵送により園長をとおして学級担任に依頼し，回答後に園ごとに返送してもらった。学級担任には，2013年の6～7月の1ヵ月のうちにクラスの中で一番「気になる子ども」を特定してもらい，その子に対する支援行動を5件法によって評定してもらった。

## 3　結果と考察

幼稚園教師が学級の中に気になる子どもは「いる」と回答した326名のうち欠損値があった4名は除き，有効回答322名について分析をおこなった。「気になる子どもチェックリスト」の尺度によって，「気になる子ども」の行動特徴から4タイプを明らかにし，それと教師の受容的（A）態度と要求的（D）指導態度の関連を検討した。

最初，教師が「気になる子ども」と認知した行動特徴の評定を折半法により高群と低群との2群に分け，これを独立変数として，教師の「幼稚園教師 AD 尺度（自記式）」による受容（A）と要求（D）を従属変数とした。受容的（A）態度8項目，要求的（D）態度9項目と尺度の項目数が違うため，

第6章　研究5　幼稚園教師のAD指導態度と「気になる子ども」の認知との関係　89

標準化した平均値により，二要因の分散分析を行った（Table 24-1-1，
Table 24-1-2，Figure 2，Table 24-2-1，Table 24-2-2，Figure 3，Table 24-3-1，
Table 24-3-2，Figure 4，Table 24-4-1，Table 24-4-2，Figure 5）。

　これにより，教師の「気になる子ども」の認知傾向と教師AD指導態度
の関連を検討した結果，次のことが明らかになった。

### （1）　トラブル行動とAD指導態度の関連

　教師はよくトラブル行動を起こす反社会的な問題行動を示す「気になる子
ども」に対して，高群では受容（A），要求（D）がともに低く，低群では受
容（A）も要求（D）もともに高くなるという傾向がみられた（$p < .10$）。

　つまり，よくトラブルを起こす子どもに対しては，なかなかそのような子
どもを教師は受け容れ難く，かつ要求もしないという傾向がみられた。頻繁
にトラブルを起こす子どもに対しては手を焼いて，対応をうまくできないで
いる姿がうかがわれた。

　一方，トラブルを起こさない子どもには，起こす子どもに比べて受容
（A），要求（D）ともに高いかかわりをもつ傾向がみられた。

#### Table 24-1-1　トラブル的行動の平均値

|  | 高群（$n = 159$） | 低群（$n = 163$） |
|---|---|---|
| 受容（A） | 3.728 | 3.879 |
|  | （$-0.1253$） | （0.1223） |
| 要求（D） | 3.709 | 3.753 |
|  | （$-0.0413$） | （0.0403） |

（標準偏差）

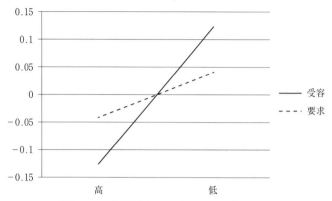

**Figure 2** 教師の AD 指導態度と子どものトラブル的行動との関連

**Table 24-1-2** トラブル行動と AD 指導態度の分散分析表

A = トラブル行動
B = AD

| A | B | N | Mean | SD |
|---|---|---|---|---|
| 1 | 1 | 159 | −0.1253 | 1.0677 |
| 1 | 2 | 159 | −0.0413 | 1.07 |
| 2 | 1 | 163 | 0.1223 | 0.9094 |
| 2 | 2 | 163 | 0.0403 | 0.9216 |

Nが不揃いです　Unweighted-Mean　ANOVAを行います
Nh = 160.98（調和平均）と仮定します

A(2) = トラブル行動
B(2) = AD

| S.V | SS | df | MS | F値 |
|---|---|---|---|---|
| A | 4.3603 | 1 | 4.3603 | 2.93[†] |
| subj | 476.4985 | 320 | 1.4891 | |
| B | 0.0002 | 1 | 0.0002 | 0.00 n.s. |
| A×B | 1.1087 | 1 | 1.1087 | 2.22 n.s. |
| s×B | 160.028 | 320 | 0.50001 | |
| Total | 641.9956 | 643 | | |

[†]$p<.10$, *$p<.05$, **$p<.01$

## (2) 非社会的行動と AD 指導態度の関連

非社会的な問題行動を示す「気になる子ども」に対して，要求的（D）態度の高群と低群に明らかに有意な差がみられた（$p<.001$）。

これは，なかなか人前で話がうまくできない子どもに対して，教師は強く気持ちを伝えて支援する態度があるということである。受容的（A）態度では，高群と低群で差はみられなかった。

Table 24-2-1　非社会的行動の平均値

|  | 高群 ($n=153$) | 低群 ($n=169$) |
| --- | --- | --- |
| 受容（A） | 3.935 | 3.686 |
|  | (0.2139) | (−0.1936) |
| 要求（D） | 3.755 | 3.71 |
|  | (0.044) | (−0.0399) |

（標準偏差）

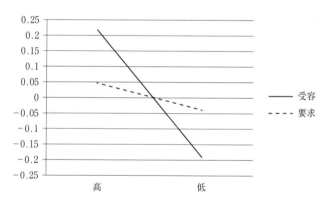

Figure 3　教師の AD 指導態度と非社会的行動との関連

## Table 24-2-2　非社会的行動と AD 指導態度の分散分析表

A = 非社会的行動
B = AD

| A | B | $N$ | $Mean$ | $SD$ |
|---|---|---|---|---|
| 1 | 1 | 153 | 0.2139 | 0.8349 |
| 1 | 2 | 153 | 0.044 | 0.8841 |
| 2 | 1 | 169 | − 0.1936 | 1.0906 |
| 2 | 2 | 169 | − 0.0399 | 1.0902 |

N が不揃いです
Unweighted − Mean　ANOVA を行います
Nh = 160.60（調和平均）と仮定します

A (2) = 非社会的行動
B (2) = AD

| S.V | $SS$ | $df$ | $MS$ | $F$ 値 |
|---|---|---|---|---|
| A | 9.6922 | 1 | 9.6922 | $6.58^*$ |
| subj | 471.1666 | 320 | 1.4724 | |
| B | 0.0104 | 1 | 0.0104 | $0.02n.s.$ |
| A × B | 4.203 | 1 | 4.203 | $8.57^{**}$ |
| s × B | 156.9337 | 320 | 0.4904 | |
| Total | 642.0059 | 643 | | |

$^*p < .05, ^{**}p < .01$

| S.V | $SS$ | $df$ | $MS$ | $F$ 値 |
|---|---|---|---|---|
| A at B 1 | 13.3301 | 1 | 13.3301 | $13.86^{**}$ |
| （subj at B 1 : | 307.67 | 320 | 0.9615） | |
| A at B 2 | 0.5651 | 1 | 0.5651 | $0.56n.s.$ |
| （subj at B 2 : | 320.4302 | 320 | 1.0013） | |
| B at A 1 | 2.3158 | 1 | 2.3158 | $4.72^*$ |
| B at A 2 | 1.8976 | 1 | 1.8976 | $3.87^†$ |
| （s × B | 156.9337 | 320 | 0.4904） | |

$^†p < .10, ^*p < .05, ^{**}p < .01$

## （3） 自閉的行動と AD 指導態度の関連

　自閉的な行動特徴を示す「気になる子ども」に対して，強い自閉的行動を示す子どもに対しては，受容的（A），要求的（D）態度も高く，低いと受容的（A），要求的（D）態度も低くなるということが明らかになった（$p<.001$）。

　自閉的行動特徴が顕著である子どもに対しては，教師は手厚く接している様子がうかがわれた。これは，現場の先生たちは自閉症の病理的な症状を理解し，丁寧に子どもに接しようとしているためであると考えられた。

Table 24-3-1　自閉的行動の平均値

|  | 高群（$n=166$） | 低群（$n=156$） |
|---|---|---|
| 受容（A） | 3.912 | 3.69 |
|  | (0.1765) | (−0.1878) |
| 要求（D） | 3.823 | 3.634 |
|  | (0.1724) | (−0.1835) |

（標準偏差）

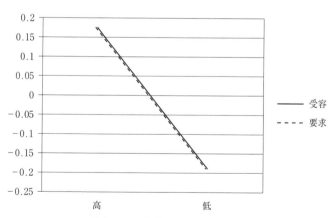

Figure 4　教師の AD 指導態度と自閉的行動との関連

Table 24-3-2　自閉的行動と AD 指導態度の分散分析表

A = 自閉的行動
B = AD

| A | B | $N$ | Mean | SD |
|---|---|---|---|---|
| 1 | 1 | 166 | 0.1765 | 0.8393 |
| 1 | 2 | 166 | 0.1724 | 0.9008 |
| 2 | 1 | 156 | −0.1878 | 1.1134 |
| 2 | 2 | 156 | −0.1835 | 1.0625 |

N が不揃いです
Unweighted – Mean　ANOVA を行います
Nh = 160.84（調和平均）と仮定します

A (2) = 自閉的行動
B (2) = AD

| S.V | SS | df | MS | $F$ 値 |
|---|---|---|---|---|
| A | 20.8598 | 1 | 20.8598 | 14.51** |
| subj | 459.9989 | 320 | 14.375 | |
| B | 0 | 1 | 0 | 0 n.s. |
| A×B | 0.0029 | 1 | 0.0029 | 0.01 n.s. |
| s×B | 161.1339 | 320 | 0.5035 | |
| Total | 641.9955 | 643 | | |

*$p < .05$,　**$p < .01$

## （4）　多動的行動と AD 指導態度の関連

　多動的な行動特徴を示す「気になる子ども」に対しては，受容的（A），要求的（D）態度の高群，低群ともに平均値に差はなかった（n.s.）。

　これは，多動性があって，落ちつかない子どもに対しては，教師は受容的（A），要求的（D）態度とも変わらずに，かかわりをもっていると思われた。交互作用があるときには有意（$p < .05$）な差はあった。多動的行動は，教師から受け入れられない可能性があったが，その結果はでなかった。態度として影響のないかかわりをもっていることがうかがわれた。

Table 24-4-1　多動的行動の平均値

|  | 高群 ($n=164$) | 低群 ($n=158$) |
|---|---|---|
| 受容（A） | 3.779 | 3.831 |
|  | (−0.0416) | (0.0433) |
| 要求（D） | 3.772 | 3.688 |
|  | (0.0776) | (−0.0806) |

(標準偏差)

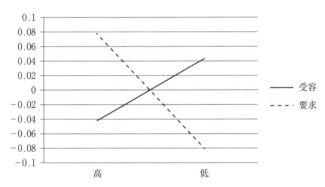

Figure 5　教師のAD指導態度と多動的行動との関連

Table 24-4-2　多動的行動とAD指導態度の分散分析表

A = 多動的行動
B = AD

| A | B | $N$ | Mean | SD |
|---|---|---|---|---|
| 1 | 1 | 164 | −0.0416 | 1.0341 |
| 1 | 2 | 164 | 0.0776 | 0.9899 |
| 2 | 1 | 158 | 0.0433 | 0.9581 |
| 2 | 2 | 158 | −0.0806 | 1.0009 |

Nが不揃いです
Unweighted-Mean　ANOVAを行います
Nh = 160.94（調和平均）と仮定します

Table 24-4-2　多動的行動と AD 指導態度の分散分析表（続き）

A(2) = 多動的行動
B(2) = AD

| S.V | SS | df | MS | F 値 |
|---|---|---|---|---|
| A | 0.2162 | 1 | 0.2162 | 0.14n.s. |
| subj | 480.6425 | 320 | 1.502 | |
| B | 0.0008 | 1 | 0.0008 | 0 n.s. |
| A×B | 2.3782 | 1 | 2.3782 | 4.79* |
| s×B | 158.7585 | 320 | 0.4961 | |
| Total | 641.9963 | 643 | | |

$^{*}p<.05,\ ^{**}p<.01$

| S.V | SS | df | MS | F 値 |
|---|---|---|---|---|
| A at B 1 | 0.5801 | 1 | 0.5801 | 0.58n.s. |
| （subj at B 1 : | 320.42 | 320 | 1.0013) | |
| A at B 2 | 2.0143 | 1 | 2.0143 | 2.02n.s. |
| （subj at B 2 : | 318.981 | 320 | 0.9968) | |
| B at A 1 | 1.145 | 1 | 1.145 | 2.31n.s. |
| B at A 2 | 1.234 | 1 | 1.234 | 2.49n.s. |
| （s×B | 158.7585 | 320 | 0.4961) | |

## （5）「気になる子ども」の行動特徴と教師の AD 指導態度の関連

　「気になる子ども」への教師の行動特徴に対する認知と教師の AD 指導態度の関係を検討するために重回帰分析を行った（Figure 6）。

　その結果，非社会的行動と自閉的行動を示す子どもに対しては，教師が受容的（A）態度のかかわりをすることが分かった。

　また，自閉的行動を示す子どもに対しては，教師が要求的（D）態度のかかわりをすることが分かった。特に自閉的な傾向のある「気になる子ども」の認知に対して，教師は受容的（A）態度，要求的（D）態度を意識した丁寧なかかわり方をしている関係性にあることが明らかになった。

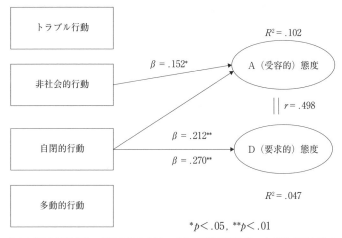

注) 四角は観測変数，楕円は潜在変数，βは標準偏回帰係数。矢印は有意な正のパスを示す。$R^2$ は決定係数。

**Figure 6** 「気になる子ども」と教師の AD 指導態度の重回帰分析

しかし，トラブル行動と多動的行動の行動特徴が顕著な子どもには，特に受容的（A）態度，要求的（D）態度のどちらのかかわりもみられなかった。

## 4　まとめと今後の課題

今日，「気になる子ども」と発達障害との関連が指摘されている。本研究において，幼稚園の調査では，「気になる子ども」の存在は12％であることが明らかになった。特別支援教育の対象として特定の障害が明確に認められていなくても「気になる行動特徴」がある子どもを含めると，その対象は1割強と，かなり広がることがうかがわれた。

そうであれば，教育現場での子どもの「問題行動」や「気になる子ども」の行動特徴への専門家の教師だけでなく特別支援教育に関係をもってこなかった教師の「気づき」を大切にして，指導・支援のあり方を教師間で共通理解し，配慮を要する子どもとして発達・成長を保障していく場に幼稚園や保育園，認定こども園などが改革していくことが求められる。

自閉的行動の特徴を示す子どもに対して教師は，受容的（A）態度，より要求的（D）態度で丁寧にかかわっていこうとする傾向性がみられた。これも教育の現場では自閉症に対する理解が進んできているからとも思えた。しかし，トラブル行動や多動的行動もある子どもには，どのようにかかわったらいいのか，態度をはっきりとせずに対応を苦慮している様子もうかがわれた。本来であれば，このような行動特徴のある子どもにこそ理解をすすめ，より丁寧な指導が求められる。教師は自覚的に受容的（A）態度と要求的（D）態度でかかわっていく必要性があると考えられた。

支援のあり方については，今日では，応用行動分析学の技法を参考に行われているものが主立っていると思われる。それが，要求的（D）態度で積極的に子どもに社会適応を目指し，社会性を教え込んでいこうとする傾向性をもつものであるとすれば，同様にありのままの子どもを認めて，積極的に無条件的に子どもを受け入れていこうとする受容的（A）態度もあわせて，かかわっていく態度が重要となってくる。浦野（2001）も指摘するように，この2つの態度を教師は教育活動の中でバランスよく機能させていくことが大切であると考えられる。

発達障害のある子どもは発達がスペクトラム（連続体）であり，定型発達の子どもとの線引きの難しさもあり，支援のあり方なども現場の教師の試行錯誤の中から最も適切な支援のあり方を模索している状態であると思われる。だからこそ，教師の「気づき」を大切にし，他の教師との共通理解を進め教育的指導のスキルを高めていくことが求められる。

子どもが自ら育つ精神の安定した関係を築いていくために，どのような子どもに対しても教師は受容的（A）態度と要求的（D）態度をバランス感覚よく，自覚的にかかわっていくことが大切であると考えられた。

# 第7章　教師のAD指導態度についての
# 全体的考察と今後の展望

## 第1節　全体的考察

### 1　小学校教師のAD指導態度と教育的影響についての考察

　小学校教師の指導態度については，小学校教育の場における教師の受容的（A）態度と要求的（D）態度を明らかにするため，小学校教師のAD指導態度尺度を作成した。小学校という教育活動場面において，受容的（A）態度と要求的（D）態度と思われる教師と子どもの教育的なかかわりの中から，具体的な行動を想定し，受容的（A）態度と要求的（D）態度を測定できるAD尺度を作成することができた。

　そのAD尺度をもとに小学校教師のAD指導態度と教育的機能との関連について検討した。

### （1）　小学校教師のAD指導態度と児童との心理的距離の関係

　児童の認知する教師の指導態度と心理的距離との関係について検討するために教師のAD指導態度と心理的距離について分析した。

　その結果，教師の受容的（A）態度において心理的距離の平均値の差が有意であった。つまり，児童が認知する教師の受容的（A）態度の度合いによって心理的距離が左右されることが示された。

　次に，児童の期待する教師の指導態度と児童の認知する指導態度のズレの大きさと心理的距離との関係について検討した。

その結果，教師の受容的（A）態度，要求的（D）態度ともに有意な差があった。つまり，期待と態度の認知のズレの大きさは受容的（A）態度，要求的（D）態度ともにズレが小さい時には「近い」と感じられており，ともに大きい時には「遠い」と感じられていることが示された。

これらの結果から，教師の受容的（A）態度は児童と教師との心理的距離と関係が深いということが認められた。そこで，教師と児童の間で，よりコミュニケーションを図り，児童と教師との相互理解を深めていくためには，教師の受容的（A）態度が大切であると思われた。


## （2）　小学校教師の AD 指導態度と「問題行動」認知との関係

小学校における教師の認知する「問題行動」項目を収集し，教師の認知する子どもの問題行動に対する具体的内容を明らかにした。

この結果に基づいて，問題行動認知尺度を作成した。そして，教師の AD 指導態度と非社会的問題行動，反社会的問題行動の視点から教師の認知する問題性について検討した。

その結果，問題行動に関する教師の認知傾向は，受容的（A）態度が高い教師は「問題行動」を他の類型の教師に比べ，問題行動の問題性を低く認知する傾向にあり，一方で要求的（D）態度が高い教師は「問題行動」の問題性に対して他類型の教師と比べ問題性を高く認知する傾向にあると考えられた。

以上の結果から，受容的（A）な教師は非社会的問題行動を，要求的（D）な教師は反社会的問題行動を重視する傾向にあることがうかがわれた。それは，「問題行動」に対する教師の考え方が，その後の生徒指導や教育活動全般に影響していることが考えられた。子どもの生活や行動の指導をめぐって受容的（A）な教師と要求的（D）な教師とが校内で意見が対立するようなこともみられる。教師は自分のなかにあるバイアスを自覚しながら議論を重ね，合意を得ていく努力が求められるであろう。個々の教師には問題性に対

第7章　教師のAD指導態度についての全体的考察と今後の展望　101

する偏りがみられるため，学校としての生徒指導はバランスのとれた指導体制づくりが求められることが考えられた。

### （3）　小学校教師のAD指導態度と学校ストレス，学校不適応感との関係

　児童の認知する教師のAD指導態度を4類型化し，各ストレス得点を高群（Hi），低群（Lo）に分け，それぞれについての学校不適応感を検討した。

　その結果，ストレス下位尺度である「授業中の発表」，「友人関係」のストレスにおいて主効果のみ有意であり，「学業成績」ストレスにおいては交互作用が見られた。

　このことは，教師を受容的ととらえている児童の学校ストレスは低い傾向があり，学校の不適応感も低い傾向にあることが明らかになった。これから，教師の受容的（A）態度は児童のストレスや不適応感を軽減する機能があることがうかがわれた。

### （4）　小学校教師のAD指導態度とself-esteemとの関係

　児童の認知する教師のAD指導態度を4類型化し，self-esteem尺度を用い，その得点の比較をした。

　教師のAD指導態度の4タイプごとに3つの下位尺度からなるself-esteem得点（以下S-E得点）を求め検討した。

　その結果，A教師型とAD教師型のS-E得点が高い傾向がみられた。これは受容の有無によって教師の指導態度が肯定的に受け止められたり，敵意的に受け止められたりするためとも考えられた。

　「独立・同情排除」については，教師に児童が受容されていることで，劣等感も少なく，人に頼らなくても自分の力でできるという独立心が育つのではないかと考えられた。

　以上のことから，学校教育における教育活動において，教師の受容的（A）態度は児童の肯定的な自己像を形成する上で重要な意味をもっている

と考えられた。このように教師を受容的（A）であると高く認知している児童の self-esteem（自尊感情）は高い傾向があることがうかがわれた。そのことから，教師に認められ，受容されていると感じていることが，児童の自尊感情を高め，学校生活での自信をつくっていくと考えられた。

## 2　幼稚園教師の AD 指導態度と教育的影響についての考察

　幼稚園教師の指導態度については，幼稚園教育の場における教師の受容的（A）態度と要求的（D）態度を明らかにするため，幼稚園教師の AD 指導態度尺度（自記式）を作成した。教育実習生の視点から教師の支援行動を明らかにし，収集された AD 項目から幼稚園教師の自記式による尺度項目を選定した。これは，幼稚園という教育活動場面において，「気になる子ども」に焦点をあて，その支援行動から受容的（A）態度と要求的（D）態度を測定できる幼稚園教師の AD 尺度である。

　さらに，気になる子どもの行動特徴を明らかにする，「気になる子どもチェックリスト」（尺度化したチェックリスト）を作成し，AD 尺度と 2 つの尺度をもとに幼稚園教師の AD 指導態度との関連を検討した。

　具体的には「気になる子どもチェックリスト」尺度によって，「気になる子ども」の 4 タイプを明らかにし，それと受容的（A）態度と要求的（D）態度の関連を検討した。

### （1）　トラブル行動（反社会的行動）と AD 指導態度の関連

　教師はよくトラブル行動を起こしトラブルなどの問題行動を示す「気になる子ども」に対して，高群では受容的（A）態度，要求的（D）態度がともに低く，低群では受容的（A）態度，要求的（D）態度ともに高くなるという傾向がみられた。

　つまり，よくトラブルを起こす子どもに対しては，なかなかそのような子どもを教師は受け容れ難く，かつ要求もしないという傾向がみられた。頻繁

第7章　教師の AD 指導態度についての全体的考察と今後の展望　103

にトラブルを起こす子どもに対しては手を焼いて，対応をうまくできないでいる姿がうかがわれた。

　一方，トラブルを起こさない子どもには，起こす子どもに比べて受容的（A）態度，要求的（D）態度ともに高いかかわりをもつ傾向がみられた。

## （2）　非社会的行動と AD 指導態度の関連

　非社会的な問題行動を示す「気になる子ども」に対して，受容的（A）態度の高群と低群に明らかに有意な差がみられた。

　これは，なかなか人前で話がうまくできない子どもに対して，教師は強く気持ちを受けとめて支援する態度があるということである。要求的（D）態度では，高群と低群で差はみられなかった。

## （3）　自閉的行動と AD 指導態度の関連

　自閉的な行動特徴を示す「気になる子ども」に対して，強い自閉的行動を示す子どもに対しては，教師の受容的（A）態度，要求的（D）態度も高く，低いと受容的（A）態度，要求的（D）態度も低くなるということが明らかになった。

　自閉的行動が顕著である子どもに対しては，手厚く教師は接している様子が明らかになった。これは，現場の先生たちは自閉症の病理的な症状を理解し，わかりやすく丁寧に子どもに接しようとしているためであると考えられた。

## （4）　多動的行動と AD 指導態度の関連

　多動的な行動特徴を示す「気になる子ども」に対しては，高群，低群ともに受容的（A）態度，要求的（D）態度も変わらなかった。

　これは，多動性があって，落ちつかない子どもに対しては，教師は受容的（A）態度，要求的（D）態度とも変わらずに，かかわりをもっていると思わ

れた。交互作用はあり，多動的行動は教師から受け入れられていない可能性はあったが，その結果はみられなかった。教師の態度としては定型発達の子どもと変わりなく，かかわりをもっていることがわかった。

　幼稚園では，「気になる子ども」の行動特徴によって，受容的（A）態度でかかわったり，要求的（D）態度でかかわったり，AD指導態度のかかわり方に差があることが分かった。これは，子どもの行動特徴のあらわれ方によって，教師は支援行動を変えていることがうかがわれた。

　小学校では，教師のかかわり方が子どもの心理的な影響があることが示唆された。特に小学校教育においては子どもが教師から受容されていると感じられることが重要であると思われた。

　本研究においては，小学校・幼稚園でのAD指導態度尺度の項目が異なり，また取り上げた変数も違っていたため，共通性を指摘することは困難な点もあるが，ともに教師のAD指導態度が，その教育的機能において一定の役割を果たしていることが示唆された。

## 第2節　今後の展望

　わが国の学校教育において，かつて小学校では「学級王国」という言葉があった。学級においては，子どもたちにとって教師は王様のように絶対的な権力をもち，王様のような絶対的な存在だったのである。しかし，戦後のわが国の教育は民主的な考えのもと，学級の子どもたちの主体性を認め，子どもの主体的な育ちを大切にし，生きる力を育てていくことが求められてきている。子どもを教育する側の教師について，おのれ自身を塀の外に置いて教育を語る時代は過ぎ去ったと思われる。子どもと教師のどちらも対等な立場にあって，教育という諸活動が展開・実践されていくことの認識を新たにする必要があると思われる。

　弓削（2009）は，学級集団のPMの2つの特性の両立は矛盾するがゆえに

難しいという。学習や生活面での児童生徒の成長を促す特性は，学級内の児童生徒の差異を明確化する機能をもつが，逆に児童生徒個々の要求や資源を尊重する特性は，能力の差異にかかわらず学級内の児童生徒を同等にみなす機能をもつからである。学級集団の矛盾した特性が両立した状態の学級像・教師像を説明する理論や実証が教育実践上求められると指摘する。角南（2013）の指摘には，教師の「これまで介入が必要とされる問題場面での子どもとの関わりについて教師の視点から実践的意味を問い直し整理されることはほとんどなかった」とあるように教師の指導態度を対象とする研究は，教育の実践現場において今後も関心をもって行われていく必要がある。

　小学校や中学校の学級集団に関する，松村たち（松村・原田，1999：松村・浦野，2001）のこれまでの「フィールド研究」によって，教師の実践過程や内的過程（教師用 RCRT による面接）と AD 尺度を組み合わせて実施し，学級内の諸現象をとらえる研究を試みている。

　そして，伊藤（2004）が指摘するように受容と要求という言葉は，カウンセリングと教育の違いとしてしばしば二項対立的に議論されてきた。本研究において教育現場で曖昧にとらえられがちな，受容的（A）態度と要求的（D）態度が明確にとらえられたことは，これからの教師と子どもの研究に多くの示唆と可能性を見出すことができたと指摘している。

　本研究にあっても教師が子どもたちに受容的（A）態度に認知されることが教育活動において，肯定的な心理的影響を及ぼすことが認められた。教師の AD 指導態度が明らかになってくることで，受容と要求は教育における重要な教育的機能として考えていくことが求められると思われる。

　一方で，教育現場において子どもの評価によって教師を評価していく作業は，これまでの教師が子どもに対して「教え育てる」という一方的な評価の注入主義的発想から，子どもと教師が「共に育つ」という発想への転換が求められていることになる。子どものみならず教師のもつ心理的要因も研究対象として考慮していくことは，子どもや教師の合意も必要になってくるもの

で，教育を研究対象としていくことは大変難しい時代にもなってきている。

　しかし，教育者・研究者が子どもだけでなく教師にも視点を当て，教育は双方向の影響を受けながら進んでいくという認識に立って，「子どもと教師の心理」，「子どもの問題行動」，「気になる子どもへの理解と支援の在り方」等への研究が深まることは，保育・教育を充実・発展させていく上で，とても有意義なことと思われる。

　今後は，教育という現象を研究していくときに子ども自身の本来もっている能力が，どのような教育環境のもとで，最大限に発揮されるのか，教育での学級集団のもつ可能性や人間関係の心理的な要因とその影響について，子どものみではなく教師のもつ諸要因も考慮しながら科学的に探究していくことが重要であると考える。

# 文　献

阿久根求 1973 教師のリーダーシップ行動に関する因子分析的研究 九州大学教育学部紀要，**17**，25-34.

Allport, G. W. 1935 Atiitude. In C. Murchison (ed.). *Handbook of social psychology.* Worcester, mass: Clark University Press.

American Psychiatric Association 2013 *Diagnostic and Statistical Manual of Mental Disorders: Fifth Edition*（日本精神神経学会監修 DSM-5 精神疾患の診断・統計マニュアル 2014 医学書院）

Anderson, H. H. 1939 The measurement of domination and of socially intergrative behavior in teachers' contacts with children. *Child Development*, **10**, 73-89.

Anderson, H. H., & Brewer, J. E, 1946 Studies of teacher's classroom personalities Ⅱ: Effects of teacher's dominative and integrative contacts on children's classroom behavior. *Applied Psychology Monographs*, **8**.

安藤　忠・川原佐公 2008 特別支援保育に向けて―社会性を育む保育その評価と支援の実際― 建帛社

新井英靖・茨城大学教育学部附属養護学校 2004「気になる子ども」の配慮と支援：LD（学習障害）ADHD・高機能自閉症児の正しい理解と対応方法 中央法規

新井邦二郎 1995 教室の動機づけ理論と実践 金子書房

蘭　千寿 1980 生徒指導と学級経営 岸田元美監修 生徒指導 北大路書房，100-121.

蘭　千寿 1988 子どもの自己概念と自尊感情に関する研究 上越教育大学研究紀要，**8**，17-34.

浅田　匡・生田孝至・藤岡寛治 1998 成長する教師：教師学への誘い 金子書房

芦澤清音 2011 発達障がい児の保育とインクルージョン 大月書店

Brophy, J. E & Good. T. L. 1974 *Teache—students relationships: Causes and consequence.* Holt, Rinehart and Wiston.（浜名外喜男・蘭千寿・天根哲治訳 1985 教師と生徒の人間関係―新しい教育指導の原点 北大路書房）

Cartwright, D. & Zander, A. F. 1953 *Group Dynamics: Research and Theory.* Row, Peterson, & Co.（三隅二不二・佐々木薫訳編 1969，1970 グループ・ダイナミックスⅠ・Ⅱ 第2版 誠信書房）

Conners, C. K. & Jett, L. J. 1999 *Attention Deficit Hyperactivity Disorder (in Adults and Children); The Latest Assessment and Treatment Strategies.*（佐々木和義

訳 2004 ADHD 注意欠陥／多動性障害の子への治療と介入 金子書房)

江川玟成・上田真生・原野広太郎 1974 問題行動における教師評定と生徒評定とのずれに関する一研究：生徒指導への客観的検査適応についての検討 日本相談研究, **14**, 75-79.

Ellis, D. B. & Miller, L. W. 1936 Teachers' attitudes and child behavior problems. *Journal of Psychology*, **27**, 501-511.

愛媛県教育センター 1969 問題性行に対する教師の評価についての調査 愛媛県教育センター教育研究紀要, **6**, 29-43.

遠藤辰男 1981 アイデンティティの心理学 ナカニシヤ出版

遠藤辰男・安藤延男・冷川昭子・井上祥治 1974 Self-esteem の研究 九州大学教育心理学部門紀要, **18**(2), 53-65.

遠藤辰男・井上祥治・蘭 千壽 1992 セルフ・エスティームの心理学：自己価値の探求 ナカニシヤ出版

Fishbein, M. 1963 An investigation of the relationships between beliefs about an object and the attitude toward object. *Human Relations*, **16**, 233-240.

Fishbein, M. 1967 Attitude and the prediction of behavior. In M. Fishbein (Ed.), *Readings in attitude theory and measurement*. New York, NY: Wiley. 477-492.

Flanders. N., & Havumaki, S. 1960 Theeffect of teacher-pupil contacts involving praise on the sociometric choices of students. *Journal of Educational Psychology*, **51**, 65-68.

淵上克義 2002 リーダーシップの社会的心理学 ナカニシヤ出版

藤村 哲・勝倉孝治 1990 児童の認知する教師の受容的態度に関して 日本教育心理学会第32回総会発表論文集, 305.

藤村 哲・勝倉孝治 1991 教師の受容的態度に対する教師の自己評価と児童との関連 日本教育心理学会第33回総会発表論文集, 331-332.

藤原武弘 2001 社会的態度の理論・測定・応用 関西学院大学出版会

福島脩美・松村茂治 1982 教育臨床心理学序説 子どもの臨床指導 金子書房

古市裕一・國房京子 1998 小学生の学校嫌い感情と教師の指導的態度：ストレス理論からの検討 岡山大学教育学部研究集録, **107**, 159-167.

原岡一馬・篠原こずえ 1975 教師のリーダーシップに関する研究（1）（2） 日本教育心理学会第17回総会発表論文集, 368-371.

浜名外喜男・蘭千寿・天根哲治訳 1985 教師と生徒の人間関係－新しい教育指導の原点 北大路書房（Brophy, J. E. & Good. T. L. 1974 *Teacher-students relation-*

*ships: Causes and consequence.* Holt, Rinehart and Wiston)

早川幸男 1987 小学生の Self-esteem に関する研究 上越教育大学修士論文（未公刊）

速水敏彦 1998 自己形成の心理：自律的動機づけ 金子書房

林 俊一郎 1990 R.S. ラザルス講演 ストレスとコーピング：ラザルス理論への招待 星和書店

林 隆 2006 軽度発達障害児への気づきと支援システム：ちょっと気になる子たちの幸せを願って 軽度発達障害児への「気づき」と対応システムについての現状と課題，小児保健研究，**66**(2)，195-197.

平澤紀子・藤原義博・山根正夫 2005 保育所・園における「気になる・困っている行動」を示す子どもに関する調査研究：障害群からみた該当児の実態と保育者の対応および受けている支援から 発達障害研究，**26**，256-265.

本郷一夫 2006 保育の場における「気になる」子どもの理解と対応：特別支援教育への接続 ブレーン出版

本郷一夫 2008 子どもの理解と支援のための発達アセスメント 有斐閣

本郷一夫・飯島典子・平川久美子・杉村僚子 2007 保育の場における「気になる」子どもの理解と対応に関するコンサルテーションの効果 LD 研究，**16**(3)，254-264.

本郷一夫・澤江幸則・鈴木智子・小泉嘉子・飯島典子 2003 保育所における『気になる』子どもの行動特徴と保育者の対応に関する調査研究 発達障害研究，**25**(1)，50-61.

本郷一夫・吉中 淳 2012 保育の場における「気になる」子どもの発見：発達の「ズレ」と集団適応との関連 本郷一夫編 認知発達とアンバランスの発見とその支援 金子書房，59-88.

本荘明子 2012「気になる」子どもをめぐっての研究動向 愛知教育大学幼児教育研究，**16**，67-75.

堀内敏夫 1963 プログラム学習における教師と子どもの人間関係 児童心理，**17**(9)，1253-1258.

星山麻木 2004 特別支援教育時代における療育の課題：特別支援を必要とする乳幼児のための個別教育支援計画と支援者の専門性 保健の科学，**46**(2)，137-142.

星山麻木 2008 障害児の保育：療育における地域支援システムと連携の課題 保健の科学，**50**(7)，455-459.

五十嵐元子・芦沢清音・浜谷直人 1999 保育における「気になる子」タイプとその発達援助（1）日本発達心理学会第10回発表論文集，380.

池田友美・郷間英世・川埼友絵他 2007 保育所における気になる子どもの特徴と保育上の問題点に関する調査研究 小児保健研究，**66**(6)，815-820.

今津孝次郎 2012 教師が育つ条件 岩波新書

井坂行男 1985 カウンセリングと教師教育 協同出版

石橋太加志・松村茂治・町田小百合 2007 教師の指導観と児童・生徒の学級適応感の関係（2）日本教育心理学会第49回総会発表論文集，250.

石橋太加志・山谷大有・松村茂治 2005 男性教師と女子児童・生徒との関係作りについての事例研究（その2）日本教育心理学会第45回総会発表論文集，295.

石隈利紀 1999 学校心理学 誠信書房

石隈利紀・田村節子 2003 石隈・田村式援助支援シートによるチーム援助入門 学校心理学・実践編 図書文化

石井哲夫 2006 かかわりの中で理解を深めることの大切さ 児童心理12月号臨時増刊，**60**(18)，2-9.

石井哲夫・山崎晃資・宮﨑英憲・須田初枝 2008 発達障害の臨床的理解と支援1 発達障害の基本的理解：子どもの将来を見据えた支援のために 金子書房

石塚謙二 2006 特別支援教育の喫緊の課題と展望：中央教育審議会の中間報告と改革動向 発達障害研究，**28**(1)，18-22.

伊藤亜矢子 2004 学級集団 児童心理学の進歩：2004年度版 金子書房，179-204.

岩手県教育委員会 2008 支援が必要な幼児の育ち合いを促す保育ガイド：特別支援教育園内体制づくりをとおして 平成20年度特別支援教育指導資料 No.35.

梶 正義・藤田継道 2006 通常学級に在籍するLD・ADHD等が疑われる児童への教育的支援：通常学級担任へのコンサルテーションによる授業逸脱行動の改善 特殊教育学研究，**44**(4)，243-252.

角南なおみ 2013 子どもに肯定的変化を促す教師の関わりの特徴：修正版グラウンデット・セオリー・アプローチによる仮説モデルの生成 教育心理学研究，**61**，323-339.

角田 豊 2009 生徒指導教育相談：父性・母性の両面を生かす生徒指導力 創元社

金田利子・今泉依子・青木 瞳 2000 集団保育において「気になる」といわれている子の実態と対応 日本特殊教育学会発表論文集，387.

金子千栄子 1979 教師の認識した児童の問題行動について 日本教育心理学会第21回発表論文集 556-567.

笠松幹生 1995 児童の認知する教師の指導態度と学校ストレスに関する研究 上越教育大学学校教育学部学位論文（未公刊）

勝倉孝治・田中輝美・高木芙美子 2000 教師の指導態度と友人関係を中心とした生徒の登校好悪感情に関する研究 日本教育心理学会第42回発表論文集 358.

茅野理恵 2011 喪失体験をした児童生徒の教師に対する援助要請：教師の指導態度との関連 日本教育心理学会第53回発表論文集 452.

風見幸子 2001 中学校の学級担任と学年担任の見方が生徒に及ぼす影響について：学級担任を中心とする学年教師のあり方とは 日本教育心理学会第43回発表論文集 450.

河合隼雄 1976 母性社会日本の病理 中央公論社

河合隼雄 1995 河合隼雄著作集第7巻 子どもと教育 岩波書店

河野鈴恵 1992 両親の養育態度及び教師の指導態度と児童の self-esteem に関する研究 上越教育大学学校教育学部学位論文（未公刊）

生地新太 2005 発達障害概念の拡大の危険性について *PSYCHIATRY*, **37**, 37-44.

木原孝博 1982a 教師のリーダーシップ類型と子ども 岡山大学教育学部研究集録, **60**, 199-217.

木原孝博 1982b 学級社会学：一人ひとりを大切にする学級経営の創造 教育開発研究所

木原孝博 1982c 生徒指導の理論 第一法規

木原孝博 1984 現代生徒指導論 教育開発研究所

木原孝博 1987 教師のリーダーシップ研究と AD 理論 学校教育研究, **2**, 41-53.

金 珍熙・園山繁樹 2010 統合保育場面における「埋め込まれた学習機会の活用」を用いた外部支援者による支援の検討 特殊教育学研究, **48**(4), 285-297.

岸田元美 1967 児童・生徒の教師認知に関する測定論的研究（I）：特に教育的指導態度に対する認知について 徳島大学学芸紀要, **15**, 37-64.

岸田元美 1968 児童・生徒の教師認知に関する測定論的研究（II）：発達的検討並びに認知要因の分析 徳島大学学芸紀要, **16**, 119-139.

岸田元美 1969 教師認知・態度の因子構造 徳島大学学芸紀要, **17**, 85-146.

近藤邦夫 1994 教師と子どもの関係づくり：学校の臨床心理学 東京大学出版会

小針伸一 1988 中学生の学校不適応に関する研究 上越教育大学修士論文（未公刊）

小林正幸・宮前義和 2007 子どもの対人スキルサポートガイド：感情表現を豊かにする SST 金剛出版

小沼久義 1991 教師の指導態度と児童の自己開示に関する研究 上越教育大学学校教育研究科修士論文（未公刊）

小谷隆史・山下 勲 2008「気になる子ども」の実態とその対応に関する研究 安田女

子大学心理教育相談研究, **7**, 1-14.

小谷津孝明 2011〈こころ〉で視る・知る・理解する 認知心理学入門 左右社

國房京子 1997 学校生活におけるストレスに関する研究 岡山大学学位論文（未公刊）

葛谷隆正 1951 教師から見た児童生徒の問題行動 東京教育大学心理学教室編 教育心理学, **2**, 59-72.

Lazarus, R. S. 1990 Measuring Stress to Predict Health Outcom: Edited and Translated from the Lecture.（林峻一編・訳ストレスとコーピング：ラザルス理論への招待 星和書店）

Lazarus, R. S. & Folkman, S. 1991 *Stress, Appraisal, and Coping* Springer Publishing Company, Inc.（本明寛・春木豊・織田正美監訳 ストレスの心理学―認知的評価と対処の研究― 実務教育出版）

Lewin, K. 1939 Experiments in social space. *Harvard Educational Review*, **9**, 21-32.

McClelland, D. C. 1987 *Human motivation* Cambridge University Press in UK.（梅津祐良・薗部明史・横山哲夫訳2005 モチベーション：「達成・パワー・親和・回避」動機の理論と実際 生産性出版）

Little, K. B. 1965 Personal space. *Jornal of experimental Social Psycology*, **1**, 137-247.

増田貴人・水内豊和・七木田敦 2000 保育者の「ちょっと気になる子ども」に対する意識調査について：保育者の保育感による分析 広島大学大学院教育学研究科紀要, **49**, 339-346.

松木健一監修・福井県特別支援教育研究会 2006 すぐ役立つ特別支援教育コーディネーター入門 東京書籍

松本雅彦・高岡　健 2008 メンタルヘルス・ライブラリー21 発達障害という記号 批評社

松村茂治・原田香織 1996 子どもたちは，タイプの異なる学級担任をどう認知したか？　日本教育心理学会第38回総会発表論文集, 316.

松村茂治・石橋太加志・北山佳奈 2006 中学校における教師と生徒の関係作り 日本教育心理学会第48回総会発表論文集, 311.

松村茂治・石橋太加志・大野麻衣 2007 教師の指導観と児童・生徒の学級適応感の関係 日本教育心理学会第49回総会発表論文集, 250.

松村茂治・石橋太加志・山谷大有 2005 男性教師と女子児童・生徒との関係作りについての事例研究（その１）日本教育心理学会第47回総会発表論文集, 294.

松村茂治・木下朋子 2002 学級フィールドワーク（Ⅳ）：学級担任の教師は，学級の雰囲気を変えることに成功したか？　東京学芸大学教育学部附属教育実践総合セ

ンター研究紀要　第26集，127-140.

松村茂治・三上泰弘 2004 先輩教師は新任教師に何を伝えたか 日本教育心理学会第46回総会発表論文集，258.

松村茂治・多田敦子・浦野裕司 2003 学級集団作りに関する縦断的な研究（1）：質的なデータによるアプローチ 日本教育心理学会第45回総会発表論文集，47.

松村茂治・浦野裕司 2000 Ｇ先生のクラスは，なぜ荒れなかったのか？（1）日本教育心理学会第42回総会発表論文集，356.

松村茂治・浦野裕司 2001 教師たちは，学級の雰囲気をどう変えようとしたか？（1）：ある学級担任の場合 日本教育心理学会第43回総会発表論文集，451.

松岡裕之 1985a 幼児・児童・生徒の問題行動に関する基礎的研究：教師・精神医学者を中心として－鳴門教育大学大学院学位論文（未公刊）

松岡裕之 1985b 問題行動研究の展望 鳴門教育大学学校教育学会誌，1，45-48.

三隅二不二 1966 新しいリーダーシップ：集団指導の行動科学 ダイヤモンド社

三隅二不二 1984 リーダーシップ行動の科学［改訂版］有斐閣

三隅二不二 1986 教師の人間関係 教師の心理（1）：教師の意識と行動 有斐閣，224-285.

三隅二不二・吉崎静夫・篠原しのぶ 1976 教師のリーダーシップ：その測定法と妥当性 日本教育心理学会第18回総会論文集，10-11.

三隅二不二・吉崎静夫・篠原しのぶ 1977 教師のリーダーシップ行動測定尺度の作成とその妥当性の研究 教育心理学研究，25，157-166.

宮原喜与志 1999 教師の指導態度と生徒の級友関係および学習意欲との関連：中学生用学級担任教師の AD 指導態度測定尺度縮小版を用いて 日本教育心理学会第41回総会論文集，446.

宮原喜与志・勝倉孝治 2000 教師の指導態度の変化が生徒の認知する教師の指導態度，生徒の級友関係および学習意欲に及ぼす影響 日本教育心理学会第42回総会論文集，359.

宮本靖子 1996 学校教育相談における教師の関わりについて 大阪教育大学学校教育講座心理学修士論文（未公刊）

水本徳明・吉田　稔・安藤知子 2000 小学校教師の算数指導と学級経営の力量に関する実証的研究：算数指導及び学級経営に関する意識と実態を中心に 筑波大学教育学論集，25，1-12.

茂木俊彦 2003 受容と指導の保育論 ひとなる書房

文部科学省 2004 小・中学校における LD（学習障害）ADHD（注意欠陥／多動性障

114

害）高機能自閉症の児童生徒への教育支援体制の整備のためのガイドライン（試
案）東洋館出版社

文部科学省初等中等教育局特別支援教育課 2012 通常の学級に在籍する発達障害の可
能性のある特別な教育的支援を必要とする児童生徒に関する調査結果について
（2013年6月30日閲覧）

中井富貴子・宇野宏幸 2005 教師用の子どもの行動チェックリスト作成に関する調査
研究：注意欠陥多動性障害と広汎性発達障害に焦点をあてて 特殊教育学研究,
**43**(3), 183-192.

長根光男 1987 学校生活における児童の心理的ストレスの分析 日本教育心理学会第
29回総会発表論文集, 606-607.

長根光男 1991 学校生活における児童の心理的ストレスの分析：小学4, 5, 6年生
を対象にして 教育心理学研究, **39**, 2, 61-64.

七木田敦編 2007 実践事例に基づく障害児保育―ちょっと気になる子へのかかわ
り 保育出版

根本橘夫 1972 対人認知におよぼす Self-Esteem の影響（Ⅰ）実験社会心理学研究,
**12**, 68-77.

根本橘夫 1973 対人認知におよぼす Self-Esteem の影響（Ⅱ）実験社会心理学研究,
**13**, 31-39.

根本橘夫 1974 対人認知におよぼす Self-Esteem の影響（Ⅲ）実験社会心理学研究,
**14**, 15-20.

西村智子 2009 発達障害のリスク児に対する就学にむけた支援のあり方 福岡教育大
学大学院修士論文抄録, **25**, 121-128.

西野泰代 2006 教師の態度が青年期の内向性の問題行動と自己評価におよぼす影
響 *Bulletin of Graduate School of Education and Human Development.* Nagoya
University（Psychology and Human Development Sciences）, 53, 75-83.

西澤直子・上田征三・高橋 実 2003 保育所における「気になる子ども」の実態と支
援の課題：市内保育所の実態調査から 日本特殊教育学会発表論文集, 745.

尾形和男 2011 父親の心理学 北大路書房

小川一夫 1955 児童生徒の問題行動に対する教師の指導態度に関する研究 第一報
告 島根大学論集, **5**, 1-19.

小川一夫 1979 学級経営の心理学 北大路書房

岡安孝弘・嶋田洋徳・神村栄一・山野美樹・坂野雄二 1992 心理的ストレスに関する
調査研究の最近の動向：教育場面におけるストレッサーの測定を中心として 早

稲田大学人間科学研究, **5**(1), 149-157.

大野正士 1993 学校ストレスと学校不適応感に関する一研究 上越教育大学卒業論文（未公刊）

大塚 晃 2005 発達障害者支援法の成立に関して 発達障害研究, **27**(2), 87-94.

大谷 淳 1998 教師の指導態度と友人関係を中心とした児童の登校好悪感情に関する研究 上越教育大学学校教育学士論文（未公刊）

尾崎 勝・西 君子 1984 カウンセリング・マインド：子どもの可能性をひき出す教師の基本姿勢 教育出版

小澤道子・枡澤尚代 1999 気になる子どものサポート：多様な視点を持つ保健指導 医学書院

Rogers, C. R. 1957 The necessary and sufficient conditions of therapeutic personality change. *Journal of Consulting Psychology*, **21**, 95-103. （伊藤博編訳 パーソナリティ変化の必要にして十分条件 1966 サイコセラピィの過程 岩崎学術出版社, 117-140. ）

Rosenberg, M. J. 1965 *Society and the adolescent self-image*. Princeton University Press.

Rosenberg, M. J. & Hovland, C. I. 1960 Cognitive, affective and behavioral components of attitude. In M. J. Rosenberg & C. I. Hovland（Eds.）*Attitude organization and change.* New Heaven: Yale Univer. Press, Pp. 1-14.

Rosenthal, R. & Jacobson, L. 1968 *Pygmalion in the classroom: Teacer expectation and pupils' intellectual development.* New York: Holt, Rinehart and Winson.

佐伯 胖 2007 共感：育ち合う保育の中で ミネルヴァ書房

斉藤誠一・加藤隆勝・瀧野揚三 1986 青少年の self-esteem の特質とその規定要因（2）日本教育心理学会第50回総会発表論文集, 575.

斉藤誠一・加藤隆勝・瀧野揚三 1987 青少年の self-esteem の特質とその規定要因（4）日本教育心理学会第51回総会発表論文集, 528.

佐治守夫・飯長喜一郎 2011 ロジャーズクライエント中心療法［新版］有斐閣

佐々木弘子（2004）保育・幼児教育 児童心理学の進歩：2004年度版 金子書房, 157-178.

酒井 厚 2005 対人的信頼感の発達：児童期から青年期へ 川島書店

坂野雄二 1995 認知行動療法 日本評論社

坂野雄二・前田基成 2002 セルフ・エフィカシーの臨床心理学 北大路書房

坂田桐子・淵上克義 2008 社会心理学におけるリーダーシップ研究のパースペクティ

ブ I　ナカニシヤ出版

崎濱盛三　2013　発達障害からの挑戦状：正しい理解のために今こそ伝えたいこ
　　と　WAVE 出版

佐藤　暁・小西淳子　2007　発達障害のある子の保育の手だて：保育園・幼稚園・家庭
　　の実践から　岩崎学術出版社

佐藤静一　1971　学級担任教師の指導型と学級雰囲気及び学級意識に関する実証的研
　　究　日本教育心理学会第13回総会発表文集，426-427.

佐藤静一　1972　　学級担任教師の指導型と学級雰囲気及び学級意識に関する実証的研
　　究（2）日本教育心理学会第14回発表論文集，234-235.

佐藤静一・服部　正　1993　学級「集団」・「個人」次元の学級担任教師の PM 式指導
　　類型が児童の学級モラールに及ぼす影響　実験社会心理学研究，33，141-149.

佐藤静一・藤原弘章　1976　学級担任の PM 式指導類型が学級意識及び学級雰囲気に
　　及ぼす効果　教育心理学研究，24(4)，236-246.

Selye, H. 1956 The stress of life. New York: McGraw-Hill Book Co.

Sherif, M. 1936 *The psychology of social norms*, Harper & Row.

塩﨑尚美　2008　実践に役立つ臨床心理学　北樹出版

嶋野恵美子　2006　児童の学習意欲に関する研究：教師の指導態度及び親との愛着関係
　　の影響　岩手大学大学院教育研究科学校教育専攻修士論文（未公刊）

嶋野恵美子　2007　児童における学習意欲について：教師及び親との関連から　日本教
　　育心理学会第49回総会発表論文集，362.

嶋野恵美子・嶋野重行　2008　児童の学習意欲と教師の指導態度及び親との愛着関係に
　　関する研究　日本教育心理学会第50回総会発表論文集，149.

嶋野恵美子・嶋野重行　2009　算数の学習に対する心理的要因と学力に関する研究　日
　　本教育心理学会第51回総会発表論文集，246.

嶋野恵美子・嶋野重行　2010　算数の学習に対する心理的要因と学力に関する研究
　　（2）日本教育心理学会第52回総会発表論文集，267.

嶋野恵美子・嶋野重行　2011　算数の学習に対する心理的要因と学力に関する研究
　　（3）日本教育心理学会第53回総会発表論文集，273.

嶋野恵美子・菅原正和　2005　児童の教師指導態度認知と親との愛着関係が学習意欲に
　　及ぼす影響　日本教育心理学会第47回総会発表論文集，480.

嶋野恵美子・菅原正和・嶋野重行　2006　児童の学習意欲に関する研究：対人関係性と
　　の関連　日本教育心理学会第48回総会発表論文集，322.

嶋野重行　1989a　小学校教師における『問題行動』認知に関する研究　上越教育大学修

士論文（未公刊）

嶋野重行 1989b 小学校教師の指導態度と『問題行動』認知の関連（1）日本教育心理学会第31回総会発表論文集，257.

嶋野重行 1991 児童における教師のAD指導態度認知と教師の児童認知の関連性に関する研究 日本教育心理学会第33回総会発表論文集，475-476.

嶋野重行 2001a 知的障害養護学校における教師の指導態度に関する研究：教師のAD指導態度の自己評価 日本教育心理学会第43回総会発表論文集，448.

嶋野重行 2001b 知的障害養護学校における教師の指導態度に関する研究：教師のAD指導態度の自己評価 日本教育心理学会第43回総会発表論文集，448.

嶋野重行 2002 知的障害養護学校における学校ストレスと問題行動に関する研究 第69回日本応用心理学会発表論文集，119.

嶋野重行 2006 軽度発達障害のある生徒へのかかわり方に対する一考察：暴力的なパニック障害のある生徒への指導をとおして 日本教育心理学会第48回総会発表論文集，372.

嶋野重行 2007a「気になる」子どもに関する研究：短大生がとらえた「気になる」子どもの調査分析 盛岡大学短期大学部紀要，17，21-35.

嶋野重行 2007b「気になる」子どもの研究（1）：短期大学生が幼稚園教育実習でとらえた気になる子どもの姿 日本教育心理学会第49回総会発表論文集，410.

嶋野重行 2008a 教師の指導態度に関する研究：AD尺度の追試的研究 盛岡大学短期大学部紀要，18，43-55.

嶋野重行 2008b「気になる」子どもに関する研究（2）：短大生がとらえた「気になる」子どもの行動特徴 日本教育心理学会第50回総会発表論文集，428.

嶋野重行 2009a「気になる」子どもに関する研究（2）：子どもの行動特徴に対する教育実習生の認知傾向 盛岡大学短期大学部紀要，19，33-44.

嶋野重行 2009b「気になる」子どもに関する研究（3）：子どもの行動特徴に対する認知傾向 日本教育心理学会第51回総会発表論文集，34.

嶋野重行 2010a「気になる」子どもに関する研究（3）：幼稚園におけるADHDが疑われる子どもに対する支援と事例 盛岡大学短期大学部紀要，20，23-34.

嶋野重行 2010b「気になる」子どもに関する研究（3）：幼稚園におけるADHDが疑われる事例の分析 日本教育心理学会第52回総会発表論文集，360.

嶋野重行 2011a「気になる」子どもに関する研究（4）：幼稚園における5事例の分析 盛岡大学短期大学部紀要，21，7-21.

嶋野重行 2011b「気になる」子どもに関する研究（4）：幼稚園におけるタイプと支

援 日本教育心理学会第53回総会発表論文集，122.

嶋野重行 2012「気になる」子どもに関する研究（5）：幼稚園における9事例のコンサルテーションと個別の教育支援計画 盛岡大学短期大学部紀要，22，21-33.

嶋野重行 2013a「気になる」子どもに関する研究（6）：教育実習生が認知した幼稚園教師の支援行動 盛岡大学短期大学部紀要，23，25-36.

嶋野重行 2013b 短期大学生が認知した幼稚園の「気になる」子どもの行動特徴 LD研究，22（4），457-463.

嶋野重行 2014「気になる」子どもに関する研究（7）：幼稚園の調査と「気になる子どもチェックリスト」の作成 盛岡大学短期大学部紀要，24，33-44.

嶋野重行・勝倉孝治 1990 小学校教師の指導態度と『問題行動』認知の関連（2）日本教育心理学会第32回総会発表論文集，311.

嶋野重行・河野鈴恵・勝倉孝治 1992 教師の AD 指導態度と児童の Self-esteem の関連 日本教育心理学会第34回総会発表論文集，219.

嶋野重行・笠松幹生・勝倉孝治 1995 児童の認知する教師の指導態度，学校ストレスと学校不適応感に関する研究 日本教育心理学会第37回総会発表論文集，559.

嶋野重行・大谷　淳・勝倉孝治 1999 教師の指導態度と友人関係を中心とした児童の登校好悪感情に関する研究 日本教育心理学会第41回総会発表論文集，265.

嶋野重行・嶋野恵美子・菅原正和 2006 児童の学習意欲に関する研究：対人関係性との関連 日本教育心理学会第48回総会発表論文集，322.

嶋野重行・菅原正和 2000 知的障害児童生徒のための『教育的ニーズ』に関する調査研究（1）岩手大学教育学部附属教育実践研究指導センター研究紀要，10，51-60.

嶋野重行・菅原正和 2001a 知的障害児童生徒のための『教育的ニーズ』に関する調査研究（Ⅱ）岩手大学教育学部附属教育実践研究指導センター研究紀要，第11号，61-79.

嶋野重行・菅原正和 2001b 大学生における時間的展望が愛他的行動形成に与える影響 第68回日本応用心理学会発表論文集，99.

嶋野重行・菅原正和・大浪瑠翌 2003 時間的展望（Temporal Perspective）が向社会的行動に与える影響 岩手大学教育学部附属教育実践総合センター研究紀要第2号，133-140.

嶋野重行・鈴木志穂子・菅原正和 2003 青年期における IWM（Internal Working Model）と対人不安 岩手大教育学部研究年報，63，105-118.

嶋野重行・山野井千恵・勝倉孝治 2000 児童と教師の心理的距離に関する研究：教師

文　献　119

の AD 指導態度との関係　日本教育心理学会第42回総会発表論文集，361.

清水義博　1983　子どものしつけと学校生活　東京大学出版会

品川不二郎　1949　児童の問題性と教師　児童心理，3，391-395.

杉原一昭・渡邉映子・勝倉孝治　2003　はじめて学ぶ人の臨床心理学　中央法規出版

障害者施策研究会　2005　よくわかる障害者施策2005年版　中央法規出版

瀧野揚三・加藤隆勝・斉藤誠一　1986　青少年の self-esteem の特質とその規定要因
　　（1）日本教育心理学会第50回総会発表論文集，574.

瀧野揚三・加藤隆勝・斉藤誠一　1987　青少年の self-esteem の特質とその規定要因
　　（3）日本教育心理学会第51回総会発表論文集，527.

高田三郎　1971　アリストテレス　ニコマコス倫理学　岩波書店

高垣忠一郎　1987　治療と教育－「受容」と「指導」日本生活指導学会編　生活指導研
　　究，4，明治図書，5-25.

寶田幸嗣　1995　生徒の認知する教師の指導態度の教師へのフィードバックが生徒の自
　　己開示に及ぼす影響　上越教育大学大学院学校教育研究科修士論文（未公刊）

寶田幸嗣・勝倉孝治　1995　生徒の認知する教師の指導態度の教師へのフィードバック
　　が生徒の自己開示に及ぼす影響　日本教育心理学会第38回総会発表論文集，312.

寶田幸嗣・勝倉孝治　1996　生徒の認知する教師の指導態度と生徒の自己開示との関
　　連　日本教育心理学会第37回総会発表論文集，541.

高橋　実・上田征三・西澤直子　2003　保育所における「気になる子ども」の実態と支
　　援（2）：保育士が「気になる」とする子どもの状況の分析　日本特殊教育学会発
　　表論文集，746.

竹下由紀子　1986　教師の学習指導行動　前田嘉明・岸田元美監修　教師の心理（1）教
　　師の意識と行動　有斐閣，92-140.

竹内長士・矢吹四郎　1961　Q－技法による教師の類型の研究Ⅰ：教育的態度の類型的
　　因子　教育心理学研究，9，189-199.

田中　賢　1957　児童生徒の問題性行に対する教師の評価　愛媛大学紀要第5部教育科
　　学，4，1-19.

田中輝美・勝倉孝治　1999　中学生の認知する教師の指導態度といじめの同調傾向との
　　関連　日本教育心理学会第41回総会発表論文集，710.

田中康雄　2004　わかってほしい！ 気になる子：自閉症・ADHD などと向き合う保
　　育　学習研社

田崎敏昭　1981　教師のリーダーシップ行動類型と勢力源泉　実験社会心理学研究，20，
　　137-145.

寺田　晃・片岡　彰 1986 教師と児童・生徒の人間関係 前田嘉明・岸田元美監修 教師の心理（1）教師の意識と行動 有斐閣，178-207.

特別支援教育の在り方に関する調査研究協力者会議 2003 今後の特別支援教育の在り方について（最終報告）文部科学省

徳田克己・田熊　立・水野智美 2010 気になる子どもの保育ガイドブック 福村出版

徳田安俊 1969 教師の教師態度のＱ方法的研究 教育心理学研究，**10**，90-134.

友久久雄・滋野井一博 2010 発達障害の理解とその対応 子育て支援と心理臨床，**2**，33-38.

遠矢幸子 2002 好きだった学級といやだった学級の相違：学級雰囲気と教師の指導態度の認知より 日本教育心理学会第44回総会発表論文集，154.

遠矢幸子 2007 教師の学級経営に関する持ち味に認められる性差 日本教育心理学会第49回総会発表論文集，140.

土屋明夫 2006 社会的態度 田之内厚三編 ガイド社会心理学 北樹出版，59-86.

柘植雅義 2013 特別支援教育：多様なニーズへの挑戦 中公新書

内山喜久雄 1968 問題児臨床心理学 金子書房

内山登紀夫 2006 気になる子どもに対する支援のあり方 月間福祉，APRIL，28-31.

内山登紀夫監修・諏訪利明・安倍陽子編 2009 特別支援教育を進める本1 こんなとき，どうする？発達障害のある子への支援［幼稚園・保育園］ミネルヴァ書房

上田吉一 1958 児童の問題性に対する教師と精神衛生家の見解について 姫路工業大学研究報告，**8**，21-31.

上野一彦 2005 発達障害児への理解と支援の立場から 発達障害研究，**27**(2)，95-97.

梅岡義貴 1986 現代心理学の動向：1981～1985 実務教育出版

浦野裕司 1999 教師と子どものよりよい人間関係をめざした指導・指導の在り方に関する実証的研究：「学級の荒れ」に対する教師のかかわり方をめぐって 平成10年度東京都教員研究生研究報告

浦野裕司 2001 学級の荒れへの支援の在り方に関する事例研究 教育心理学研究，**49**，113-122.

浦野裕司 2004 学級の活動・運営に関するアセスメント 学会連合資格「学校心理士」認定運営機構（企画・監修）松村茂治・蘭千寿・岡田守弘・大野精一・池田由紀江・菅野敦・長崎勤（編）講座学校心理士：理論と実践3 学校心理士の実践：幼稚園・小学校編 北大路書房，54-66.

浦野裕司・松村茂治 2000 G先生のクラスは，なぜ荒れなかったのか？（2）日本教育心理学会第42回総会発表論文集，357.

文　献　　121

浦野裕司・松村茂治 2001 教師たちは，学級の雰囲気をどう変えようとしたか？
　　（2）：ある「学級の荒れ」への組織的対応の場合　日本教育心理学会第43回総会
　　発表論文集，452.

浦野裕司・松村茂治・多田敦子 2003 学級集団作りに関する縦断的な研究（2）：数
　　量的なデータによるアプローチ　日本教育心理学会第45回総会発表論文集，48.

渡邊美智子 2006「気になる子ども」の理解に関する一研究：保育現場での行動観
　　察　近畿大学九州短期大学研究紀要，36，77-88.

Weiner, B. 2006 *Social motivation, justics, and the moral emotions: An attribuional
　　approach.* Lewence Erlbaum Associates,（速水敏彦・唐沢かおり　社会的動機づ
　　けの心理学：他者を裁く心と道徳の感情　北大路書房）

Wickman, E. K. 1928 *Childen's behavior and teachers' attitudes.* The Common
　　Wealth Fund.（黒田実郎訳 1966 教師と問題行動：児童の社会性と適応　岩崎学
　　術出版社，231-248.）

Withall, J. 1949 The development of a technique for the measurement of social
　　emotional climate in classroom. *Journal of Experimental Education,* **17**(3).

Withall, J. 1952 Assesment of the social emotional climates experienced by a group
　　seventh graders as they moved from class to class. *Educational Psychology
　　Measurment,* **12**, 440-451.

山田真吾・宮本正一 2002 教師と子どもの相互認知による授業改善　岐阜大学教育学
　　部研究報告　人文科学，**51**(1)，191-199.

山口　薫・金子　健 1993 特殊教育の展望：21世紀に向けて　日本文化科学社.

山口正二 1989 生徒と教師の心理的距離に関する研究　カウンセリング研究，**22**(1)，
　　26-34.

山口正二 1992 高校生における好感的・嫌悪感的イメージと心理的距離に関する研
　　究　カウンセリング研究，**25**，31-36.

山口正二 1994 教師の自己開示性と心理的距離に関する研究　カウンセリング研究，
　　**27**(2)，31-36.

山口正二・米田光利・原野広太郎 1993 教師の指導態度と心理的距離に関する研
　　究　カウンセリング研究，**26**(2)，11-16.

山口正二・斎藤直文・徳永桂一 1995 生徒と教師の心理的距離の変容に関する研
　　究　日本教育心理学会第37回総会論文集，533.

山口正二・吉澤健二・原野広太郎 1989 生徒と教師の心理的距離に関する研究　カウ
　　ンセリング研究，**22**，26-34.

山野井千恵 1998 児童と教師の心理的距離に関する研究 上越教育大学学位論文（未
　　公刊）

山崎晃資 2006 発達障害の基本理解 月間福祉，APRLL，24-27.

湯汲英史 2003「発達障害をもつ子どものトータルな医療・福祉・教育サービスの構
　　築」調査研究の目的，概要等について 平成20年度厚生労働省障害者保健福祉推
　　進事業 障害者自立支援調査研究プロジェクト いま，発達障害が増えているのか
　　……その実態と理由，新たなニーズを探る 社団法人日本発達障害福祉連盟

吉田　章 2000 中学校における学級づくりと学級担任の生徒認知の関係 日本教育心
　　理学会第42回総会発表論文集，526.

吉崎静夫 1978 学級における教師のリーダーシップ行動の自己評定と児童評定の関連
　　に関する研究 教育心理学研究，26，32-40.

吉崎静夫・三隅二不二 1977 教師のリーダーシップ行動と学級の集団サイズ・担任期
　　間および教師の年齢・性別との関連 九州大学教育学部紀要，21(2)，1-6.

弓削洋子 2009 教師と児童の課題一致性が児童による教師の指導行動認知に及ぼす効
　　果 日本教育心理学会第51総会発表論文集，346.

弓削洋子 2012 教師の２つの指導性機能の統合化の検討：機能に対応する指導行動内
　　容に着目して 教育心理学研究，60(2)，186-197.

弓削洋子・新井希和子 2009 教師に期待される矛盾した２つの指導性に対応する指導
　　行動のカテゴリー作成の試み 愛知教育大学研究報告（教育科学編），58，125-
　　131.

# APPENDIX

124

## APPENDIX 1-1　小学校教師の AD 指導態度測定尺度（AD 尺度）選定に使われた調査項目

1　これは，みなさんが日常，学級の先生にたいして，どんな感じ方をしているか答えてもらうものです。

2　質問項目を一つ一つよく読み，あなたの担任の先生について考えてください。そして，あてはまる数字に○を一つだけつけてください。

3　まちがったところに○をつけたときには，その上に×をつけ，あらためてあてはまるところに○を書いてください。

1．先生は授業で答えたあなたの意見を大切にしてくれますか。
　　1．ぜんぜん大切にしてくれない。
　　2．あまり大切にしてくれない。
　　3．ふつうだと思う。
　　4．だいたい大切にしてくれる。
　　5．いつも大切にしてくれる。

2．先生は家庭学習をだしますか。
　　1．ぜんぜんださない。
　　2．あまりださない。
　　3．たまにだす。
　　4．ときどきだす。
　　5．いつもだす。

3．先生はあなたたちに，先生自身のことについてお話をしてくれますか。
　　1．ぜんぜんお話をしてくれない。
　　2．あまりお話をしてくれない。
　　3．たまにお話をしてくれる。
　　4．ときどきお話をしてくれる。
　　5．いつもお話をしてくれる。

4．先生は，れいぎ正しくするようにいいますか。
　　1．ぜんぜんいわない。

2．あまりいわない。
3．たまにいう。
4．ときどきいう。
5．いつもいう。

5．先生は，あなたがじょうずにできると，ほめてくれますか。
1．ぜんぜんほめてくれない。
2．あまりほめてくれない。
3．たまにほめてくれる。
4．かなりほめてくれる。
5．たいへんほめてくれる。

6．先生は授業中に，さわいだりすると注意しますか。
1．ぜんぜん注意しない。
2．あまり注意しない。
3．たまに注意する。
4．かなり注意する。
5．たいへん注意する。

7．先生は，あなたが学校を休むと心配しますか。
1．ぜんぜん心配しないと思う。
2．あまり心配しないと思う。
3．ふつうだと思う。
4．かなり心配すると思う。
5．とても心配すると思う。

8．先生は，ふざけると，しかりますか。
1．ぜんぜんしからない。
2．あまりしからない。
3．たまにしかる。
4．かなりしかる。
5．とてもしかる。

9．先生は，あなたに廊下などで声をかけてくれますか。
　　1．ぜんぜん声をかけてくれない。
　　2．あまり声をかけてくれない。
　　3．たまに声をかけてくれる。
　　4．ときどき声をかけてくれる。
　　5．いつも声をかけてくれる。

10．先生は，友達と仲良く遊ぶようにいいますか。
　　1．ぜんぜんいわない。
　　2．あまりいわない。
　　3．たまにいう。
　　4．ときどきいう。
　　5．いつもいう。

11．先生は，あなたの体のぐあいがわるいと声をかけてくれますか。
　　1．ぜんぜん声をかけてくれない。
　　2．あまり声をかけてくれない。
　　3．たまに声をかけてくれる。
　　4．ときどき声をかけてくれる。
　　5．いつも声をかけてくれる。

12．先生は，係の仕事をしっかりやるようにいいますか。
　　1．ぜんぜんいわない。
　　2．あまりいわない。
　　3．たまにいう。
　　4．ときどきいう。
　　5．いつもいう。

13．先生は給食の時間に，みんなといろいろなお話をしますか。
　　1．ぜんぜんお話をしない。
　　2．あまりお話しない。
　　3．たまにお話をする。
　　4．ときどきお話をする。

５．いつもお話をする。

14. 先生は給食を残さずに，食べるようにいいますか。
    １．ぜんぜんいわない。
    ２．あまりいわない。
    ３．たまにいう。
    ４．ときどきいう。
    ５．いつもいう。

15. 先生は，そうじをいっしょにしてくれますか。
    １．ぜんぜんいっしょにしてくれない。
    ２．あまりいっしょにしてくれない。
    ３．たまにいっしょにしてくれる。
    ４．ときどきいっしょにしてくれる。
    ５．いつもいっしょにしてくれる。

16. 先生は，そうじをきれいにするようにいいますか。
    １．ぜんぜんいわない。
    ２．あまりいわない。
    ３．たまにいう。
    ４．ときどきいう。
    ５．いつもいう。

17. 先生は，あなたがあいさつをすると，気持ちよくあいさつをしてくれますか。
    １．ぜんぜん気持ちよくあいさつをしてくれない。
    ２．あまり気持ちよくあいさつをしてくれない。
    ３．たまに気持ちよくあいさつをしてくれる。
    ４．だいたい気持ちよくあいさつをしてくれる。
    ５．いつもきもちよくあいさつをしてくれる。

18. 先生は，帰りの会に一日の反省をさせますか。
    １．ぜんぜん反省させない。
    ２．あまり反省ない。

128

　　3．たまに反省させる。
　　4．ときどき反省させる。
　　5．いつも反省させる。


19．先生は，発表しない人のことも考えて授業をすすめてくれますか。
　　1．ぜんぜんすすめてくれない。
　　2．あまりすすめてくれない。
　　3．ふつうだと思う。
　　4．だいたいすすめてくれる。
　　5．いつもすすめてくれる。


20．先生は，ノートをきれいに書くようにいいますか。
　　1．ぜんぜんいわない。
　　2．あまりいわない。
　　3．たまにいう。
　　4．ときどきいう。
　　5．いつもいう。


21．先生は，あなたたちがうれしいときには，いっしょになって喜んでくれますか。
　　1．ぜんぜん喜んでくれない。
　　2．あまり喜んでくれない。
　　3．たまに喜んでくれる。
　　4．ときどき喜んでくれる。
　　5．いつも喜んでくれる。


22．先生は，清潔にするようにいいますか。
　　1．ぜんぜんいわない。
　　2．あまりいわない。
　　3．たまにいう。
　　4．ときどきいう。
　　5．いつもいう。


23．先生は，あなたが授業でうまくいえないときでも，わかってくれますか。

1．ぜんぜんわかってくれない。

　　2．あまりわかってくれない。

　　3．たまにわかってくれる。

　　4．ときどきわかってくれる。

　　5．いつもわかっててくれる。


24．先生は，授業中に話をよく聞くようにいいますか。

　　1．ぜんぜんいわない。

　　2．あまりいわない。

　　3．たまにいう。

　　4．ときどきいう。

　　5．いつもいう。


25．先生は，あなたがなやみや困ったことがあったとき，相談しやすいですか。

　　1．ぜんぜん相談しにくい。

　　2．あまり相談しにくい。

　　3．ふつうだと思う。

　　4．かなり相談しやすい。

　　5．とても相談しやすい。


26．先生は，忘れ物をしないようにいいますか。

　　1．ぜんぜんいわない。

　　2．あまりいわない。

　　3．たまにいう。

　　4．ときどきいう。

　　5．いつもいう。


27．先生は，休み時間にあなたたちと，いっしょに遊んでくれますか。

　　1．ぜんぜん遊んでくれない。

　　2．あまり遊んでくれない。

　　3．たまに遊んでくれる。

　　4．ときどき遊んでくれる。

　　5．いつも遊んでくれる。

28. 先生は，外や体育館で遊ぶようにいいますか。
    1．ぜんぜんいわない。
    2．あまりいわない。
    3．たまにいう。
    4．ときどきいう。
    5．いつもいう。

29. 先生は給食のとき，あなたたちの席のなかに入って食べますか。
    1．ぜんぜんなかに入って食べない。
    2．あまりなかに入って食べない。
    3．たまになかに入って食べる。
    4．ときどきなかに入って食べる。
    5．いつもなかに入って食べる。

30. 先生は給食のあとかたづけを，しっかりとするようにいいますか。
    1．ぜんぜんいわない。
    2．あまりいわない。
    3．たまにいう。
    4．ときどきいう。
    5．いつもいう。

31. 先生は授業でわからないところがあると，わかるまで教えてくれますか。
    1．ぜんぜんわかるまで教えてくれない。
    2．あまりわかるまで教えてくれない。
    3．ふつうだと思う。
    4．だいたいわかるまで教えてくれる。
    5．とてもわかるまで教えてくれる。

32. 先生は，あなたの家庭の様子を，気にかけてくれますか。
    1．ぜんぜん気にかけてくれない。
    2．あまり気にかけてくれない。
    3．たまに気にかけてくれる。
    4．ときどき気にかけてくれる。

APPENDIX    131

5．いつも気にかけてくれる。

33．先生は，きまりを守るようにいいますか。
1．ぜんぜんいわない。
2．あまりいわない。
3．たまにいう。
4．ときどきいう。
5．いつもいう。

34．先生は，あなたのノートを読んだとき，返事を書いてくれますか。
1．ぜんぜん書いてくれない。
2．あまり書いてくれない。
3．たまに書いてくれる。
4．ときどき書いてくれる。
5．いつも書いてくれる。

35．先生は，物を大切にするようにいいますか。
1．ぜんぜんいわない。
2．あまりいわない。
3．たまにいう。
4．ときどきいう。
5．いつもいう。

36．先生は，授業中にあなたが答えるまで待ってくれますか。
1．ぜんぜん待ってくれない。
2．あまり待ってくれない。
3．たまに待ってくれる。
4．だいたい待ってくれる。
5．とても待ってくれる。

37．先生は，あなたたちのやりたいことをよく聞いてくれますか。
1．ぜんぜん聞いてくれない。
2．あまり聞いてくれない。

3．ふつうだと思う。

4．ときどき聞いてくれる。

5．いつも聞いてくれる。


38．先生は，人にめいわくをかけないようにいいますか。

1．ぜんぜんいわない。

2．あまりいわない。

3．たまにいう。

4．ときどきいう。

5．いつもいう。


39．先生はあなたの，ていしゅつ物を見てくれますか。

1．ぜんぜん見てくれない。

2．あまり見てくれない。

3．たまに見てくれる。

4．だいたい見てくれる。

5．とても見てくれる。


40．先生は，身のまわりを整理，整とんするようにいいますか。

1．ぜんぜんいわない。

2．あまりいわない。

3．たまにいう。

4．ときどきいう。

5．いつもいう。


41．先生は，時間を守るようにいいますか。

1．ぜんぜんいわない。

2．あまりいわない。

3．たまにいう。

4．ときどきいう。

5．いつもいう。

APPENDIX 133

## APPENDIX 1-2 小学校教師の AD 尺度

1 これは，みなさんが日常，学級の先生にたいして，どんな感じ方をしているか答えてもらうものです。

2 質問項目を一つ一つよく読み，あなたの担任の先生について考えてください。そして，あてはまる数字に〇を一つだけつけてください。

3 まちがったところに〇をつけたときには，その上に×をつけ，あらためてあてはまるところに〇を書いてください。

AD 項目
削除して使用

1. 先生は，あなたがじょうずにできると，ほめてくれますか。　　A1
　　1. ぜんぜんほめてくれない。
　　2. あまりほめてくれない。
　　3. たまにほめてくれる。
　　4. かなりほめてくれる。
　　5. たいへんほめてくれる。

2. 先生は，れいぎ正しくするようにいいますか。　　D1
　　1. ぜんぜんいわない。
　　2. あまりいわない。
　　3. たまにいう。
　　4. ときどきいう。
　　5. いつもいう。

3. 先生は，あなたが学校を休むと心配しますか。　　A2
　　1. ぜんぜん心配しないと思う。
　　2. あまり心配しないと思う。
　　3. ふつうだと思う。
　　4. かなり心配すると思う。
　　5. とても心配すると思う。

4. 先生は授業中に，さわいだりすると注意しますか。　　D2
　　1. ぜんぜん注意しない。

2．あまり注意しない。

3．たまに注意する。

4．かなり注意する。

5．たいへん注意する。

5．先生は給食の時間に，みんなといろいろなお話をしますか。　　　A3

1．ぜんぜんお話をしない。

2．あまりお話しない。

3．たまにお話をする。

4．ときどきお話をする。

5．いつもお話をする。

6．先生は，ふざけると，しかりますか。　　　D3

1．ぜんぜんしからない。

2．あまりしからない。

3．たまにしかる。

4．かなりしかる。

5．とてもしかる。

7．先生は，そうじをいっしょにしてくれますか。　　　A4

1．ぜんぜんいっしょにしてくれない。

2．あまりいっしょにしてくれない。

3．たまにいっしょにしてくれる。

4．ときどきいっしょにしてくれる。

5．いつもいっしょにしてくれる。

8．先生は，係の仕事をしっかりやるようにいいますか。　　　D4

1．ぜんぜんいわない。

2．あまりいわない。

3．たまにいう。

4．ときどきいう。

5．いつもいう。

APPENDIX　135

9．先生は，あなたたちがうれしいときには，いっしょになって喜んで　　A5
　　くれますか。
　　　1．ぜんぜん喜んでくれない。
　　　2．あまり喜んでくれない。
　　　3．たまに喜んでくれる。
　　　4．ときどき喜んでくれる。
　　　5．いつも喜んでくれる。

10．先生は，そうじをきれいにするようにいいますか。　　　　　　　　D5
　　　1．ぜんぜんいわない。
　　　2．あまりいわない。
　　　3．たまにいう。
　　　4．ときどきいう。
　　　5．いつもいう。

11．先生は，あなたがなやみや困ったことがあったとき，相談しやすい　　A6
　　ですか。
　　　1．ぜんぜん相談しにくい。
　　　2．あまり相談しにくい。
　　　3．ふつうだと思う。
　　　4．かなり相談しやすい。
　　　5．とても相談しやすい。

12．先生は，ノートをきれいに書くようにいいますか。　　　　　　　　D6
　　　1．ぜんぜんいわない。
　　　2．あまりいわない。
　　　3．たまにいう。
　　　4．ときどきいう。
　　　5．いつもいう。

13．先生は，あなたの家庭の様子を，気にかけてくれますか。　　　　　A7
　　　1．ぜんぜん気にかけてくれない。
　　　2．あまり気にかけてくれない。

3．たまに気にかけてくれる。

4．ときどき気にかけてくれる。

5．いつも気にかけてくれる。

14．先生は，授業中に話をよく聞くようにいいますか。　　　　　　D7

1．ぜんぜんいわない。

2．あまりいわない。

3．たまにいう。

4．ときどきいう。

5．いつもいう。

15．先生は，あなたのノートを読んだとき，返事を書いてくれますか。　A8

1．ぜんぜん書いてくれない。

2．あまり書いてくれない。

3．たまに書いてくれる。

4．ときどき書いてくれる。

5．いつも書いてくれる。

16．先生は，忘れ物をしないようにいいますか。　　　　　　　　　D8

1．ぜんぜんいわない。

2．あまりいわない。

3．たまにいう。

4．ときどきいう。

5．いつもいう。

17．先生は，授業中にあなたが答えるまで待ってくれますか。　　　A9

1．ぜんぜん待ってくれない。

2．あまり待ってくれない。

3．たまに待ってくれる。

4．だいたい待ってくれる。

5．とても待ってくれる。

18．先生は，きまりを守るようにいいますか。　　　　　　　　　　D9

1．ぜんぜんいわない。

2．あまりいわない。

3．たまにいう。

4．ときどきいう。

5．いつもいう。

19．先生は，あなたたちのやりたいことをよく聞いてくれますか。　　　A10

1．ぜんぜん聞いてくれない。

2．あまり聞いてくれない。

3．ふつうだと思う。

4．ときどき聞いてくれる。

5．いつも聞いてくれる。

20．先生は，身のまわりを整理，整とんするようにいいますか。　　　D10

1．ぜんぜんいわない。

2．あまりいわない。

3．たまにいう。

4．ときどきいう。

5．いつもいう。

**APPENDIX 2　小学校教師の AD 指導態度測定尺度（AD 尺度：改訂版）選定の調査**

1　これは，みなさんが日常，学級の先生にたいして，どんな感じ方をしているか答えてもらうものです。

2　質問項目を一つ一つよく読み，あなたの担任の先生について考えてください。
　そして，あてはまる数字に○を一つだけつけてください。

3　まちがったところに○をつけたときには，その上に×をつけ，あらためてあてはまるところに○を書いてください。

| 採択項目 | | | そう思わない | どちらかといえばそう思わない | どちらともいえない | どちらかといえばそう思う | そう思う |
|---|---|---|---|---|---|---|---|
| | 1 | 先生は，授業で私の意見を大切にしてくれる。 | 1 | 2 | 3 | 4 | 5 |
| D1 | 2 | 先生は提出物のしめきりをしっかり守るように言う。 | 1 | 2 | 3 | 4 | 5 |
| | 3 | 先生は，私がばんばっていることを分かってくれる。 | 1 | 2 | 3 | 4 | 5 |
| D2 | 4 | 先生は，礼儀正しくするように言う。 | 1 | 2 | 3 | 4 | 5 |
| | 5 | 先生は，先生がまちがえたとき，素直にまちがいを認める。 | 1 | 2 | 3 | 4 | 5 |
| D3 | 6 | 先生は，ふざけると注意する。 | 1 | 2 | 3 | 4 | 5 |
| A1 | 7 | 先生は，私が学校を休むと心配してくれる。 | 1 | 2 | 3 | 4 | 5 |
| D4 | 8 | 先生は，授業中に態度がふまじめだときびしく注意する。 | 1 | 2 | 3 | 4 | 5 |
| A2 | 9 | 先生は，私たちのやりたいことをよく聞いてくれる。 | 1 | 2 | 3 | 4 | 5 |
| D5 | 10 | 先生は，清潔にするように言う。 | 1 | 2 | 3 | 4 | 5 |

APPENDIX　139

| | | | | |
|---|---|---|---|---|
| A3 | 11 | 先生は，私たちに先生自身の気持ちを話してくれる。………………………………… | 1 — 2 — 3 — 4 — 5 |
| D6 | 12 | 先生は，忘れ物をしないように言う。…… | 1 — 2 — 3 — 4 — 5 |
| A4 | 13 | 先生は，私が答えるとき，真剣に聞いてくれる。……………………………………… | 1 — 2 — 3 — 4 — 5 |
| D7 | 14 | 先生は係の仕事をしっかりやるように言う。………………………………………… | 1 — 2 — 3 — 4 — 5 |
| A5 | 15 | 先生は，私が困っていると，自分のことのように心配してくれる。……………… | 1 — 2 — 3 — 4 — 5 |
| D8 | 16 | 先生は，授業中には話をしっかり聞くように言う。………………………………… | 1 — 2 — 3 — 4 — 5 |
| A6 | 17 | 先生は，分からないときには，「先生は分からない」と言ってくれる。……………… | 1 — 2 — 3 — 4 — 5 |
| D9 | 18 | 先生は，きまりを守るように言う。……… | 1 — 2 — 3 — 4 — 5 |
| A7 | 19 | 先生は，私が失敗しても，やさしく励ましてくれる。……………………………… | 1 — 2 — 3 — 4 — 5 |
| D10 | 20 | 先生は，物を大切にするように言う。…… | 1 — 2 — 3 — 4 — 5 |
| | 21 | 先生は，私の気持ちを分かってくれない。 | 1 — 2 — 3 — 4 — 5 |
| D11 | 22 | 先生は，身の回りの整理・整頓をするように言う。………………………………… | 1 — 2 — 3 — 4 — 5 |
| A8 | 23 | 先生は，先生がうれしいときには，「うれしい」と素直に言ってくれる。………… | 1 — 2 — 3 — 4 — 5 |
| D12 | 24 | 先生は，時間を守るように言う。………… | 1 — 2 — 3 — 4 — 5 |
| | 25 | 先生は，悪いことをすると，すぐ悪い子と決めつけてしまう。…………………… | 1 — 2 — 3 — 4 — 5 |
| | 26 | 先生は，放課後の過ごし方について注意する。……………………………………… | 1 — 2 — 3 — 4 — 5 |
| A9 | 27 | 先生は，私の立場に立って考えてくれる。 | 1 — 2 — 3 — 4 — 5 |
| D13 | 28 | 先生は，学校行事や児童会活動にすすんで参加するように言う。………………… | 1 — 2 — 3 — 4 — 5 |

A10　29　先生は，自分の感じたことを，そのまま言
　　　　ってくれる。……………………………　1 － 2 － 3 － 4 － 5

D14　30　先生は，授業中のおしゃべりをきびしく注
　　　　意する。…………………………………　1 － 2 － 3 － 4 － 5

A11　31　先生は，どんなことでも相談にのってくれ
　　　　る。………………………………………　1 － 2 － 3 － 4 － 5

　　　32　先生は，服装や髪型について注意する。
　　　　……………………………………………　1 － 2 － 3 － 4 － 5

A12　33　先生は，私の気持ちを分かろうとしてくれ
　　　　る。………………………………………　1 － 2 － 3 － 4 － 5

D15　34　先生は，クラスのみんなが協力するように
　　　　言う。……………………………………　1 － 2 － 3 － 4 － 5

A13　35　先生は，私たちがすることに，先生の意見
　　　　を正直にいってくれる。………………　1 － 2 － 3 － 4 － 5

　　　36　先生は，だれとでも仲良くするように言う。
　　　　……………………………………………　1 － 2 － 3 － 4 － 5

A14　37　先生は，いつもあたたかく接してくれる。
　　　　……………………………………………　1 － 2 － 3 － 4 － 5

D14　38　先生は，返事をしっかりするように言う。
　　　　……………………………………………　1 － 2 － 3 － 4 － 5

A15　39　先生は，私の気持ちをそのままに感じてく
　　　　れる。……………………………………　1 － 2 － 3 － 4 － 5

　　　40　先生は，言葉遣いについて注意する。……　1 － 2 － 3 － 4 － 5

A16　41　先生は，困ったら，「困った」とはっきり
　　　　言ってくれる。…………………………　1 － 2 － 3 － 4 － 5

D15　42　先生は，教室全体のさわがしさを厳しく注
　　　　意する。…………………………………　1 － 2 － 3 － 4 － 5

A17　43　先生は，私のことを信じていてくれる。
　　　　……………………………………………　1 － 2 － 3 － 4 － 5

A18　44　先生は，相談すると私の気持ちにぴったり
　　　　のことを言ってくれる。………………　1 － 2 － 3 － 4 － 5

APPENDIX 141

45 先生は，家庭学習をしっかりやるように言
う。……………………………………… 1 ─ 2 ─ 3 ─ 4 ─ 5
46 先生の気持ちは，よく分からない。……… 1 ─ 2 ─ 3 ─ 4 ─ 5
D16 47 先生は，掃除をきちんとするように言う。
……………………………………………… 1 ─ 2 ─ 3 ─ 4 ─ 5

142

## APPENDIX 3　心理的距離スケール（児童用）

1　これは，みなさんが日常，友達や先生にたいして，どんな感じ方をしているか答えてもらうものです。

2　下の文をよく読んであてはまる数字に○をつけてください。

---

あなたが一番左端の○のところにいるとします。

次にあげる人は，あなたの気持ちからどのくらいの距離にいますか。

自分に近いと感じたら，あなたの近くの数字に，遠いと感じたら遠くの数字に○印をつけてください。

---

（例）　安室奈美恵（あむろ・なみえ）

あなた　1　　2　　3　　4　　5　　6　　7　　⑧　　9　　10

①　もっとも親しい友達

あなた　1　　2　　3　　4　　5　　6　　7　　8　　9　　10

②　校長先生

あなた　1　　2　　3　　4　　5　　6　　7　　8　　9　　10

③　担任の先生

あなた　1　　2　　3　　4　　5　　6　　7　　8　　9　　10

④　保健の先生

あなた　1　　2　　3　　4　　5　　6　　7　　8　　9　　10

APPENDIX     143

## APPENDIX 4　教師に対する問題行動の自由記述方式による質問紙

あなたが，これまで児童の指導で悩んだこと。あるいは，困ったこと。

また，児童の行動で問題があると思われることを思いつくだけ箇条書きしてください。

（例）学校へ来るのをいやがる　　　　　　　　　　　　　　記入しない

| | 内　容 | ＊ |
|---|---|---|
| 1 | | |
| 2 | | |
| 3 | | |
| 4 | | |
| 5 | | |
| 6 | | |
| 7 | | |
| 8 | | |
| 9 | | |
| 10 | | |
| 11 | | |
| 12 | | |
| 13 | | |
| 14 | | |
| 15 | | |
| | | |
| | | |

不足の場合は，裏面にも続けて書いてください。

144

## APPENDIX 5　教師の「問題行動」認知測定尺度

1　この調査は，先生が日常，子どもたちの問題のあると思われている行動に対して，どのくらい問題性があるか知るためのものです。

2　下の文をよく読んであてはまる数字に○をつけてください。

|  | | 全く問題がない | あまり問題がない | 少し問題がある | かなり問題がある | 非常に問題がある |
|---|---|---|---|---|---|---|

① 自殺をする……………………………………　1—2—3—4—5—6—7—8—9

② 友達に叩く，蹴るなどの乱暴をはたらく
　………………………………………………　1—2—3—4—5—6—7—8—9

③ 引っ込み思案で，授業中に発言できない
　………………………………………………　1—2—3—4—5—6—7—8—9

④ 責任感が少なく，掃除などをさぼる……　1—2—3—4—5—6—7—8—9

⑤ 友達がいなくて，孤立しがちである……　1—2—3—4—5—6—7—8—9

⑥ 万引きや親の財布からお金をとる………　1—2—3—4—5—6—7—8—9

⑦ 集団にとけこめず，友達と一緒に行動できない……………………………………　1—2—3—4—5—6—7—8—9

⑧ 弱い者いじめをする……………………　1—2—3—4—5—6—7—8—9

⑨ 劣等感が強く，自信がない………………　1—2—3—4—5—6—7—8—9

⑩ 言葉が乱暴で，悪口などをいう…………　1—2—3—4—5—6—7—8—9

⑪ よそ見，ぼんやりしていることが多く，学習意欲がない……………………………　1—2—3—4—5—6—7—8—9

APPENDIX 145

## APPENDIX 6　児童の心理的ストレス尺度

1　これは，みなさんが日常，どんな感じ方をしているか答えてもらうものです。
2　質問に対して，あてはまる数字に○をつけてください。


1．友だちからからかわれたり，悪口をいわれたとき，あなたは，
　　1．なんともない。
　　2．どちらかといえば，なんともない。
　　3．どちらかといえば，不ゆかいな気持ちになる。
　　4．不ゆかいな気持ちになる。


2．先生にうそをついてしまったとき，あなたは，
　　1．落ちついていられる。
　　2．どちらかといえば，落ちついていられる。
　　3．どちらかといえば，そわそわして落ちつかない。
　　4．そわそわして，落ちつかない。


3．友だちとけんかしたり，学校のものをこわしたりしてしまったとき，もし先生が
　わけを聞いてくれなくても，あなたは，
　　1．へいきです。
　　2．どちらかといえば，へいきです。
　　3．どちらかといえば，そわそわします。
　　4．そわそわします。


4．授業中，発表したことがまちがいであることに気づいたとき，あなたは，
　　1．へいきです。
　　2．どちらかといえば，へいきです。
　　3．どちらかといえば，ヒヤッとします。
　　4．ヒヤッとします。


5．国語の本読みのじゅん番が回ってくるとき，あなたは，
　　1．落ちついていられる。
　　2．どちらかといえば，落ちついていられる。

3．どちらかといえば，むねがドキドキする。

4．むねがドキドキする。

6．テストをしていて，時間がなくなってしまっても，あなたは，

1．落ちついていられる。

2．どちらかといえば，落ちついていられる。

3．どちらかといえば，イライラする。

4．イライラする。

7．授業参観や研究授業のとき，あなたは，

1．ふだんの授業のときと同じです。

2．どちらかといえば，ふだんの授業のときと同じです。

3．どちらかといえば，きんちょうします。

4．きんちょうします。

8．先生が，いきなり「テストをやります」と言ったとき，あなたは，

1．あせりません

2．どちらかといえば，あせりません。

3．どちらかといえば，あせります。

4．あせります。

9．友だちが自分の目の前で，ないしょ話をはじめたとき，あなたは，

1．なんともない。

2．どちらかといえば，なんともない。

3．どちらかといえば，いやな気持ちになる。

4．いやな気持ちになる。

10．先生にしかられても，あなたは，

1．別に，なんともない。

2．どちらかといえば，別になんともない。

3．どちらかといえば，悲しい気持ちになる。

4．悲しい気持ちになる。

APPENDIX    147

11.  終業式の日に，通知表をもらう前，あなたは，
　　　1．落ちついていられる。
　　　2．どちらかといえば，落ちついていられる。
　　　3．どちらかといえば，落ちつかない。
　　　4．落ちつかない。

12.  友だちに気にしていることを言われたとき，あなたは，
　　　1．気にならない。
　　　2．どちらかといえば，気にならない。
　　　3．どちらかといえば，いかりを感じる。
　　　4．いかりを感じる。

13.  たくさんの人の前で，発表するとき，あなたは，
　　　1．なんともない。
　　　2．どちらかといえば，なんともない。
　　　3．どちらかといえば，ドキドキする。
　　　4．ドキドキする。

14.  授業中，わからない問題を当てられそうになったとき，あなたは，
　　　1．なんともない。
　　　2．どちらかといえば，なんともない。
　　　3．どちらかといえば，ソワソワする。
　　　4．ソワソワする。

15.  なかのよい友だちから，なかまはずれにされても，あなたは，
　　　1．へいきです。
　　　2．どちらかといえば，へいきです。
　　　3．どちらかといえば，いやな思いがする。
　　　4．いやな思いがする。

16.  テスト前，あなたは，
　　　1．いつもとかわらない。
　　　2．どちらかといえば，いつもとかわらない。

3．どちらかといえば，不安な気持ちになる。

4．不安な気持ちになる

17．友だちにむしされたとき，あなたは，

1．へいきです。

2．どちらかといえば，へいきです。

3．どちらかといえば，くやしい。

4．くやしい。

18．授業中，急に先生にさされたとき，あなたは，

1．ドキドキしない。

2．どちらかといえば，ドキドキしない。

3．どりらかといえば，むねがドキドキする。

4．むねがドキドキする。

19．あなたの言いたくないことを，わざと友だちから聞かれたとき，あなたは，

1．かわらない。

2．どちらかといえば，かわらない。

3．どちらかといえば，不ゆかいな気持ちになる。

4．不ゆかいな気持ちになる

20．新しい単元（たんげん）の勉強に入るとき，あなたは，

1．いつもと同じ気持ち。

2．どちらかといえば，いつもと同じ気持ち。

3．どちらかといえば，むねがドキドキする。

4．むねがドキドキする。

APPENDIX　149

## APPENDIX 7　学校不適応感尺度

1　次に質問することは，あなたにあてはまりますか，それともあてはまりませんか。
　　あなたの意見と同じ番号を○でかこんでください。

|   |   | 1<br>あてはまる | 2<br>どちらかといえばあてはまる | 3<br>どちらかといえばあてはまらない | 4<br>あてはまらない |
|---|---|---|---|---|---|
| ① | わたしは毎日，学校へ行くのが楽しみである…………… | 1 | 2 | 3 | 4 |
| ② | わたしはほかの学校にかわりたいと思うことがある…… | 1 | 2 | 3 | 4 |
| ③ | わたしはどうも学校がにがてだ………………………… | 1 | 2 | 3 | 4 |
| ④ | わたしは学校にいるときより，それ以外が楽しい……… | 1 | 2 | 3 | 4 |
| ⑤ | わたしはどきどき，学校を休みたくなる………………… | 1 | 2 | 3 | 4 |
| ⑥ | わたしは学校にいるとき，気持ちがはればれとしない… | 1 | 2 | 3 | 4 |
| ⑦ | わたしは学校には，自分のいる場所がないような気がする……………………………………………………… | 1 | 2 | 3 | 4 |
| ⑧ | わたしは学校で，頭やお腹がいたくなることが多い…… | 1 | 2 | 3 | 4 |
| ⑨ | わたしは学校でひとりでいたい………………………… | 1 | 2 | 3 | 4 |
| ⑩ | わたしは学校のことを考えると，ゆううつになる……… | 1 | 2 | 3 | 4 |

## APPENDIX 8 児童の self-esteem 尺度

1 これは，みなさんが日常，どんな感じかたをしているかを答えてもらうものです。
あなたの感じていることと同じ番号を○でかこんでください。

2 質問項目を一つ一つ読み上げますから，よく聞いて，どのくらいそう思ったか答
えてください。

| | | 1 そう思う | 2 どちらかといえばそう思う | 3 どちらかといえばそう思わない | 4 まったく思わない |
|---|---|---|---|---|---|
| 1 | 毎日，楽しい生活をしています……………………………… | 1 — 2 — 3 — 4 |
| 2 | 自分の考えや意見をみんなの前で話せます……………… | 1 — 2 — 3 — 4 |
| 3 | 自分なんてたいしたことがないと思います……………… | 1 — 2 — 3 — 4 |
| 4 | 失敗すると，それをいつまでも気にします……………… | 1 — 2 — 3 — 4 |
| 5 | 自分は幸せだと感じています…………………………… | 1 — 2 — 3 — 4 |
| 6 | 何か言わなければならないことがあれば，言います…… | 1 — 2 — 3 — 4 |
| 7 | 自分は何をやっても，うまくいきません……………… | 1 — 2 — 3 — 4 |
| 8 | 自分の性格が気に入りません…………………………… | 1 — 2 — 3 — 4 |
| 9 | 失敗しないかと，いつも心配です……………………… | 1 — 2 — 3 — 4 |
| 10 | 自信をもって生活しています…………………………… | 1 — 2 — 3 — 4 |
| 11 | 自分が正しいと考えたことは，反対されてもやりぬきます……………………………………………………… | 1 — 2 — 3 — 4 |
| 12 | 自分で自分がいやになることがあります……………… | 1 — 2 — 3 — 4 |
| 13 | みんなの前で話すことが，にがてです………………… | 1 — 2 — 3 — 4 |
| 14 | 自分は，みんなの役には立てません…………………… | 1 — 2 — 3 — 4 |

APPENDIX  151

15 自分で決めたことは，最後までがんばります……………  1 — 2 — 3 — 4
16 毎日，生き生きと生活しています………………………  1 — 2 — 3 — 4

17 自分の意見よりも，ほかの人の意見に従うことが多いと
   思います……………………………………………………  1 — 2 — 3 — 4
18 何かをしようとするとき，失敗するのではないかと心配
   になります…………………………………………………  1 — 2 — 3 — 4
19 自分はだめだと，いつも考えます………………………  1 — 2 — 3 — 4
20 わたしは，自分の性格が好きです………………………  1 — 2 — 3 — 4

21 自分は，やらなければならないことに，いっしょうけん
   めい取り組んでいます……………………………………  1 — 2 — 3 — 4
22 自分には，あまり得意なことがありません……………  1 — 2 — 3 — 4
23 何かをしようとするときに，人が反対するのではないか
   と気になります……………………………………………  1 — 2 — 3 — 4
24 だれかほかの人に，生まれ変わりたいと思うことがあり
   ます…………………………………………………………  1 — 2 — 3 — 4

25 自分の力をじゅうぶんにのばせるように，たくさんのこ
   とをしてみたいと思います………………………………  1 — 2 — 3 — 4
26 わたしは，自分が好きです………………………………  1 — 2 — 3 — 4
27 自分がしたいことを，いつまでも気にします…………  1 — 2 — 3 — 4
28 何もやる気がしないことが，よくあります……………  1 — 2 — 3 — 4

29 自分のことを，自分で決められません…………………  1 — 2 — 3 — 4
30 生まれてきて，よかったと思います……………………  1 — 2 — 3 — 4
31 失敗しても，「次にはがんばろう」と，自分をはげまし
   ます…………………………………………………………  1 — 2 — 3 — 4
32 あんなことをしなければ，よかった思うことが，よくあ
   ります………………………………………………………  1 — 2 — 3 — 4

33 わたしは，自分に自信がもてません……………………  1 — 2 — 3 — 4
34 今日より明日は，もっとすばらしい人になれると思いま
   す……………………………………………………………  1 — 2 — 3 — 4

## APPENDIX 9　気になる子どもへの支援調査

Q1　幼稚園の実習先について教えてください。　1．公立　2．私立

Q2　幼稚園の教育実習において，担当の先生は気になる子どもへ実際どのようにかかわっていたか教えてください

担当していた担任あるいは支援員さんは　1．男　2．女

1＝全くあてはまらない　2＝少しあてはまる　3＝どちらともいえない
4＝だいたいあてはまる　5＝たいへんあてはまる

| No. | 教師の支援行動 | 評　定 |
|---|---|---|
| Q1 | かんしゃくを起こす様子を観察し，原因を探ろうとしていた | 1 — 2 — 3 — 4 — 5 |
| Q2 | 静かな場所に連れて行き，落ち着くまで，近くで見守るようにしていた | 1 — 2 — 3 — 4 — 5 |
| Q3 | 周囲の危険となるものを片付けるようにしていた | 1 — 2 — 3 — 4 — 5 |
| Q4 | 本人や周囲の活動に支障がないのであれば，こだわりは認めていた | 1 — 2 — 3 — 4 — 5 |
| Q5 | 音や触覚，においなど子どもの不快となる刺激は排除するようにしていた | 1 — 2 — 3 — 4 — 5 |
| Q6 | 次にすることが分かるように絵や具体物を提示し，伝えていた | 1 — 2 — 3 — 4 — 5 |
| Q7 | 待つ時間は，遊ぶものを渡して，待てる形で待たせていた | 1 — 2 — 3 — 4 — 5 |
| Q8 | できるだけすばやく，叩く行為を止めさせ，本人が落ち着ける場所に移動していた | 1 — 2 — 3 — 4 — 5 |
| Q9 | 叩かれた子どもや周囲には，「大丈夫だよ」など安心させるようにしていた | 1 — 2 — 3 — 4 — 5 |
| Q10 | 叩く以外の，やりとりの仕方をその場で教えるようにしていた | 1 — 2 — 3 — 4 — 5 |
| Q11 | トラブルの状況を周りの子どもにも説明するようにしていた | 1 — 2 — 3 — 4 — 5 |
| Q12 | 興奮する状況を観察し，トラブルを起こす事前に止めるようにしていた | 1 — 2 — 3 — 4 — 5 |
| Q13 | 興奮しない友達や場所，遊びなどの環境を変えるようにしていた | 1 — 2 — 3 — 4 — 5 |
| Q14 | 保護者には，直接，トラブルについて状況を説明するようにしていた | 1 — 2 — 3 — 4 — 5 |
| Q15 | 子どものお気に入りの場所は分かっており，一時見えなくなっても心配ないようだった | 1 — 2 — 3 — 4 — 5 |

| Q16 | 活動内容を絵などを使い視覚的に分かりやすいようにしていた | 1 — 2 — 3 — 4 — 5 |
|-----|-----|-----|
| Q17 | 活動内容に見通しがもてるような工夫をしていた | 1 — 2 — 3 — 4 — 5 |
| Q18 | 活動の前には，事前学習にも時間をかけて指導していた | 1 — 2 — 3 — 4 — 5 |
| Q19 | 活動に参加する所と無理に参加させない所を分けて考えていた | 1 — 2 — 3 — 4 — 5 |
| Q20 | 一斉に指導するだけでなく，個別に練習の仕方をしていた | 1 — 2 — 3 — 4 — 5 |
| Q21 | 一人で遊んでいる時には，見守るようにし，好きなように遊ばせていた | 1 — 2 — 3 — 4 — 5 |
| Q22 | 一人で遊んでいる時には，子どものペースを尊重するようにしていた | 1 — 2 — 3 — 4 — 5 |
| Q23 | 一人でいる子どもと他の子どもも同じ空間で過ごすようにさせていた | 1 — 2 — 3 — 4 — 5 |
| Q24 | 興味のありそうなもので遊びに誘うようにして他の子とかかわりをもつようにしていた | 1 — 2 — 3 — 4 — 5 |
| Q25 | 給食で食べないものは，無理強いせずに残してもよいようにしていた | 1 — 2 — 3 — 4 — 5 |
| Q26 | 食事に関して，家庭の様子を聞くなど保護者との連携をしていた | 1 — 2 — 3 — 4 — 5 |
| Q27 | 最初から，小分けにして時間内に食べられるようにしていた | 1 — 2 — 3 — 4 — 5 |
| Q28 | 友達との関係を考え，お話するなど楽しんで食事をする工夫をしていた | 1 — 2 — 3 — 4 — 5 |
| Q29 | 耳ふさぎをする子は，その場から離れさせるようにしていた | 1 — 2 — 3 — 4 — 5 |
| Q30 | 余計な音が入らないようにし，静かな空間を維持するようにしていた | 1 — 2 — 3 — 4 — 5 |
| Q31 | 音の発生場所から遠くの位置にいるようにさせていた | 1 — 2 — 3 — 4 — 5 |
| Q32 | 音楽をかける時などは予告して驚かないようにしていた | 1 — 2 — 3 — 4 — 5 |
| Q33 | 嫌な音がした時の対処方法について，一緒に考えるようにしていた | 1 — 2 — 3 — 4 — 5 |
| Q34 | 子どもを抱き上げたり，頭や顔にスキンシップをしたりしていた | 1 — 2 — 3 — 4 — 5 |
| Q35 | 園にはお気に入りの場所があるので，そこで過ごすことも認めていた | 1 — 2 — 3 — 4 — 5 |
| Q36 | みんなと活動しようという気持ちになった時まで見守っていた | 1 — 2 — 3 — 4 — 5 |
| Q37 | 遊びでは，他の子が勝つかもしれないことを伝えるようにしていた | 1 — 2 — 3 — 4 — 5 |
| Q38 | こだわって泣く時には，その場から離れて落ち着かせるようにしていた | 1 — 2 — 3 — 4 — 5 |

| | | | | | | | | |
|---|---|---|---|---|---|---|---|---|
| Q39 | 勝ち負けだけでなく，いろいろなルールのある遊びに変えて工夫していた | 1 | — | 2 | — | 3 | — | 4 | — | 5 |
| Q40 | もの分かりがよかった時には，成長したと褒めるようにしていた | 1 | — | 2 | — | 3 | — | 4 | — | 5 |
| Q41 | ルールにこだわらず，子どもたちが楽しむことを考えるようにしていた | 1 | — | 2 | — | 3 | — | 4 | — | 5 |
| Q42 | 失敗しても大丈夫であることを伝えるようにしていた | 1 | — | 2 | — | 3 | — | 4 | — | 5 |
| Q43 | ルールをわかりやすく簡潔明瞭に説明するようにしていた | 1 | — | 2 | — | 3 | — | 4 | — | 5 |
| Q44 | ルールのある遊びでは，子どもの理解に応じて参加の仕方を工夫していた | 1 | — | 2 | — | 3 | — | 4 | — | 5 |
| Q45 | 静かな場所に移動して，興奮をしずめるようにしていた | 1 | — | 2 | — | 3 | — | 4 | — | 5 |
| Q46 | 落ち着ける場所に行くようにうながし，そこでは好きな遊びができるようにしていた | 1 | — | 2 | — | 3 | — | 4 | — | 5 |
| Q47 | 興奮する時は子どもの雰囲気でわかり，とっさに気分転換を図るようにしていた | 1 | — | 2 | — | 3 | — | 4 | — | 5 |
| Q48 | 遊びが止められない時には，次の活動の道具を見せて誘導するようにしていた | 1 | — | 2 | — | 3 | — | 4 | — | 5 |
| Q49 | 後片付けは，一緒に行い，活動の終わりをきちんとした形で伝えるようにしていた | 1 | — | 2 | — | 3 | — | 4 | — | 5 |
| Q50 | 「終わり」のサインをわかりやすくつたえるようにいろいろな工夫をしていた | 1 | — | 2 | — | 3 | — | 4 | — | 5 |
| Q51 | 子どもの一日のスケジュール表などを作って活用していた | 1 | — | 2 | — | 3 | — | 4 | — | 5 |
| Q52 | 発音が不明瞭でも，ゆったりとした感じで耳を傾けていた | 1 | — | 2 | — | 3 | — | 4 | — | 5 |
| Q53 | 子どもの話そうとする意欲を大切にして，発音自体にはこだわっていないようだった | 1 | — | 2 | — | 3 | — | 4 | — | 5 |
| Q54 | 言葉を離さない子に対しても，言葉を投げかけて説明するようにしていた | 1 | — | 2 | — | 3 | — | 4 | — | 5 |
| Q55 | 周囲の子どもへの影響が大きいため，その場ですぐに説得し，なだめるようにしていた | 1 | — | 2 | — | 3 | — | 4 | — | 5 |
| Q56 | 強い口調で，がまんさせるようにしていた | 1 | — | 2 | — | 3 | — | 4 | — | 5 |
| Q57 | 活動が中断するので，こだわりは認めないようにしていた | 1 | — | 2 | — | 3 | — | 4 | — | 5 |
| Q58 | 多くの刺激の中で生活することを考えれば，いろいろな刺激を与えていた | 1 | — | 2 | — | 3 | — | 4 | — | 5 |
| Q59 | 集団活動では，静かに待っているように，体をおさえるようにしていた | 1 | — | 2 | — | 3 | — | 4 | — | 5 |
| Q60 | 叩いた場合には，すぐに止めさせ，言葉で謝らせるようにしていた | 1 | — | 2 | — | 3 | — | 4 | — | 5 |

APPENDIX    155

| Q61 | 叩かれた痛みを分からせるために同じようなことをして，二度と叩かないように教えていた | 1 — 2 — 3 — 4 — 5 |
|---|---|---|
| Q62 | 叩くことは，相手を傷つけることなので，体罰以外のペナルティを与えるようにしていた | 1 — 2 — 3 — 4 — 5 |
| Q63 | トラブルは日常茶飯事なので，保護者にはいちいち説明しないようだった | 1 — 2 — 3 — 4 — 5 |
| Q64 | トラブルを経て子どもは成長するので，少々のケンカはあった方がよいと思っていた | 1 — 2 — 3 — 4 — 5 |
| Q65 | 興奮した時には，自分でコントロールできるようにがまんさせていた | 1 — 2 — 3 — 4 — 5 |
| Q66 | 先生たちで連絡は取り合って連携して，居場所を確認するようにしていた | 1 — 2 — 3 — 4 — 5 |
| Q67 | 子どもが外に出られないように，環境を工夫するようにしていた | 1 — 2 — 3 — 4 — 5 |
| Q68 | 集団でいることの大切さを理解させるために帰ってきた後には言い聞かせていた | 1 — 2 — 3 — 4 — 5 |
| Q69 | 二度と勝手な行動をしないように約束させるようにしていた | 1 — 2 — 3 — 4 — 5 |
| Q70 | 集団行動に慣れるように無理やり参加させるようにしていた | 1 — 2 — 3 — 4 — 5 |
| Q71 | 耐える力をつけるために参加させ頑張らせていた | 1 — 2 — 3 — 4 — 5 |
| Q72 | 絵カードや写真を提示し，その子がイメージをもてるようにしていた | 1 — 2 — 3 — 4 — 5 |
| Q73 | 活動参加は無理な場合は，最初から参加させないようにしていた | 1 — 2 — 3 — 4 — 5 |
| Q74 | 他の子どもとの間に先生が入って，一緒に遊ぶように誘うようにしていた | 1 — 2 — 3 — 4 — 5 |
| Q75 | 「友達となかよく遊ぼうね」と言葉をかけ，友達と一緒に遊ばせるようにしていた | 1 — 2 — 3 — 4 — 5 |
| Q76 | 周囲の子どもたちに，一人で遊んでいる子を誘うように声がけするようにしていた | 1 — 2 — 3 — 4 — 5 |
| Q77 | いろいろな遊びを経験して欲しいので，最初は嫌がっても無理に遊ぶようにうながしていた | 1 — 2 — 3 — 4 — 5 |
| Q78 | いろいろな食物を食べて欲しいので，最初は嫌がっても少しでも食べるように勧めていた | 1 — 2 — 3 — 4 — 5 |
| Q79 | 好きなものに嫌いなものを混ぜて食べるように工夫していた | 1 — 2 — 3 — 4 — 5 |
| Q80 | 食事は体を作る大切なことなので，少々無理をしてでも強引に食べさせていた | 1 — 2 — 3 — 4 — 5 |
| Q81 | 嫌いなものを食べたら，好きなものを食べることができるようにしていた | 1 — 2 — 3 — 4 — 5 |

| Q82 | 平等な観点から，みんなと同じ量を食べるように指導していた | 1 — 2 — 3 — 4 — 5 |
|---|---|---|
| Q83 | 時間を決めて食べさせており，時間が過ぎたら片付けさせるようにしていた | 1 — 2 — 3 — 4 — 5 |
| Q84 | 音にも慣れて欲しいので，できる限り耳ふさぎはやめるように本人に指導していた | 1 — 2 — 3 — 4 — 5 |
| Q85 | 日常には音が溢れており，耐える力もついて欲しいので，その子だけ特別扱いはしないようにしていた | 1 — 2 — 3 — 4 — 5 |
| Q86 | 幼さは発達の遅れなので，活動ができないのであればそのままにしていた | 1 — 2 — 3 — 4 — 5 |
| Q87 | 自由にふるまう行動は，わがままとしてとらえて指導していた | 1 — 2 — 3 — 4 — 5 |
| Q88 | 一つにこだわることは，いけないことだと説明し，止めさせるようにしていた | 1 — 2 — 3 — 4 — 5 |
| Q89 | こだわるのであれば，その遊び自体をやめにしていた | 1 — 2 — 3 — 4 — 5 |
| Q90 | 遊びで勝ち負けで競争させるようにして，子どもの意欲を高めるようにしていた | 1 — 2 — 3 — 4 — 5 |
| Q91 | ルールは集団遊びでは大切なので，きちんと教えるようにしていた | 1 — 2 — 3 — 4 — 5 |
| Q92 | ルールが守れない時には，その場で注意するようにしていた | 1 — 2 — 3 — 4 — 5 |
| Q93 | 社会的なルールは，場面をとらえて練習するようにしていた | 1 — 2 — 3 — 4 — 5 |
| Q94 | 興奮しているときには，その場は無視するようにしていた | 1 — 2 — 3 — 4 — 5 |
| Q95 | 興奮することは「はずかしいよ」と注意し，自分の力でしずまるように見守るようにしていた | 1 — 2 — 3 — 4 — 5 |
| Q96 | 次の時間があるので，強制的でも終了させるようにしていた | 1 — 2 — 3 — 4 — 5 |
| Q97 | 言葉で「おしまい」であることを繰り返し伝えて，言葉で理解させるようにしていた | 1 — 2 — 3 — 4 — 5 |
| Q98 | 言葉が不明瞭な子には，正しい発音を示して指導していた | 1 — 2 — 3 — 4 — 5 |
| Q99 | 言葉を話さない子には，話させる機会をたくさんつくっていた | 1 — 2 — 3 — 4 — 5 |
| Q100 | 言葉に反応を示さない子には，明瞭な口調で意図的に話しかけていた | 1 — 2 — 3 — 4 — 5 |

APPENDIX 157

## APPENDIX 10　幼稚園教師の気になる子どもの支援行動調査

記述日　　　年　　月　　日

Q1　担当している子どものニックネームを教えてください　　　　　ちゃんの先生

Q2　幼稚園教員の経験年数について教えてください。

　　　1．3年以下　　2．3年以上5年以下　　3．5年以上10年未満　　4．10年以上
　　　5．実習生

Q3　「気になる」子どもへの支援について，当てはまる評定番号に○をつけてください。

　　　＊全ての質問に答えてください。

　　　5＝たいへん配慮している　　4＝すこし配慮している　　3＝どちらともいえない
　　　2＝あまり配慮していない　　1＝まったく配慮していない

| No. | 支援行動 | 評定 |
|---|---|---|
| 1 | 発音が不明瞭でも，ゆったりとした感じで耳を傾けている | 5 — 4 — 3 — 2 — 1 |
| 2 | あまり言葉を話さない子には，話す機会をつくっている | 5 — 4 — 3 — 2 — 1 |
| 3 | 泣いたり暴れたりした時には，周囲の子どもへの影響を考え，その場でなだめるようにしている | 5 — 4 — 3 — 2 — 1 |
| 4 | みんなと活動しようという気持ちになった時まで見守っている | 5 — 4 — 3 — 2 — 1 |
| 5 | 本人や周囲の活動に支障がないのであれば，こだわりは認めている | 5 — 4 — 3 — 2 — 1 |
| 6 | 叩かれた子どもや周囲には，「大丈夫だよ」などといい安心させるようにしている | 5 — 4 — 3 — 2 — 1 |
| 7 | 活動に参加する所と無理に参加させない所を分けて考えている | 5 — 4 — 3 — 2 — 1 |
| 8 | かんしゃくを起こす様子を観察し，原因を探ろうとしている | 5 — 4 — 3 — 2 — 1 |
| 9 | 言葉に反応を示さない子には，はっきりとした口調で話しかけている | 5 — 4 — 3 — 2 — 1 |
| 10 | できるだけすばやく，叩く行為を止めさせ，本人が落ち着ける場所に移動している | 5 — 4 — 3 — 2 — 1 |
| 11 | 言葉を話さない子に対しても，言葉を投げかけて説明するようにしている | 5 — 4 — 3 — 2 — 1 |
| 12 | 子どもの話そうとする意欲を大切にして，発音自体にはこだわらないようにしている | 5 — 4 — 3 — 2 — 1 |

| 13 | 叩く以外の，やりとりの仕方をその場で教えるようにしている | 5 — 4 — 3 — 2 — 1 |
|---|---|---|
| 14 | 子どもを抱き上げたり，スキンシップをしたりしている | 5 — 4 — 3 — 2 — 1 |
| 15 | 次にすることが分かるように絵や具体物を提示し，伝えている | 5 — 4 — 3 — 2 — 1 |
| 16 | ルールをわかりやすく簡潔明瞭に説明するようにしている | 5 — 4 — 3 — 2 — 1 |
| 17 | ルールのある遊びでは，子どもの理解に応じて参加の仕方を工夫している | 5 — 4 — 3 — 2 — 1 |
| 18 | ルールが守れない時には，その場で注意するようにしている | 5 — 4 — 3 — 2 — 1 |
| 19 | 一人で遊んでいる時には，子どものペースを尊重するようにしている | 5 — 4 — 3 — 2 — 1 |
| 20 | 社会的なルールは，場面をとらえて一緒に練習するようにしている | 5 — 4 — 3 — 2 — 1 |
| 21 | 勝ち負けだけでなく，いろいろなルールのある遊びに変えて工夫している | 5 — 4 — 3 — 2 — 1 |
| 22 | ルールは集団遊びでは大切なので，きちんと教えるようにしている | 5 — 4 — 3 — 2 — 1 |
| 23 | 成長したと感じられた時には，はっきりと褒めるようにしている | 5 — 4 — 3 — 2 — 1 |
| 24 | 活動内容に見通しがもてるような工夫をしている | 5 — 4 — 3 — 2 — 1 |
| 25 | 叩いた場合には，すぐに止めさせ，言葉で謝らせるようにしている | 5 — 4 — 3 — 2 — 1 |
| 26 | 一人でいる子どもと他の子どもも同じ空間で過ごすようにさせている | 5 — 4 — 3 — 2 — 1 |
| 27 | いろいろな食べ物を食べて欲しいので，少しでも食べるように勧めている | 5 — 4 — 3 — 2 — 1 |
| 28 | 興味のありそうなもので遊びに誘うようにして他の子とかかわりをもつようにしている | 5 — 4 — 3 — 2 — 1 |
| 29 | 友達とのかかわりをもてるように，楽しんで食事をする工夫をしている | 5 — 4 — 3 — 2 — 1 |
| 30 | 活動の前には，事前学習にも時間をかけて指導している | 5 — 4 — 3 — 2 — 1 |
| 31 | 言葉で「おしまい」であることを繰り返し伝えて，次に活動をうながすようにしている | 5 — 4 — 3 — 2 — 1 |
| 32 | 一緒に遊べるように他の子どもとの間に先生が入って，誘うようにしている | 5 — 4 — 3 — 2 — 1 |

APPENDIX 159

## APPENDIX 11 気になる子どもの調査（教育実習生）

氏名　　　　　　　　　　　　　　年　　組

実習期間　　月　　日～　　月　　日まで

Q1　幼稚園実習で「気になる」子どもはいましたか。

　　1．いた　2．いなかった　3．わからない

Q2　どのような子どもが「気になる」子どもでしたか，当てはまる番号に○をつけてください。

　　＊いなかった，わからない場合は，いたものと想定して答えてください。

　　5＝たいへん気になる　4＝すこし気になる　3＝どちらともいえない
　　2＝あまり気にならない　1＝まったく気にならない

| No. | 内　容 | 評　定 |
|---|---|---|
| Q1 | みんなと同じ集団活動ができない | 5 — 4 — 3 — 2 — 1 |
| Q2 | 先生や友達の話を聞くことができない | 5 — 4 — 3 — 2 — 1 |
| Q3 | 言葉を話さない | 5 — 4 — 3 — 2 — 1 |
| Q4 | あまりしゃべらない | 5 — 4 — 3 — 2 — 1 |
| Q5 | オウム返しをする | 5 — 4 — 3 — 2 — 1 |
| Q6 | すぐに水道に行き水遊びをする | 5 — 4 — 3 — 2 — 1 |
| Q7 | 多動である | 5 — 4 — 3 — 2 — 1 |
| Q8 | 落ち着きがない | 5 — 4 — 3 — 2 — 1 |
| Q9 | 物を叩く，壊す，乱暴に扱う | 5 — 4 — 3 — 2 — 1 |
| Q10 | 人にちょっかいを出す | 5 — 4 — 3 — 2 — 1 |
| Q11 | 友達とのコミュニケーションが苦手 | 5 — 4 — 3 — 2 — 1 |
| Q12 | 乱暴な振舞い | 5 — 4 — 3 — 2 — 1 |
| Q13 | 言葉より手足がすぐ出て人を叩く | 5 — 4 — 3 — 2 — 1 |
| Q14 | 発音がうまくできない | 5 — 4 — 3 — 2 — 1 |
| Q15 | 排泄を先生と一緒でないとしない | 5 — 4 — 3 — 2 — 1 |
| Q16 | 話の意味が理解できない | 5 — 4 — 3 — 2 — 1 |
| Q17 | 指示に従わない | 5 — 4 — 3 — 2 — 1 |
| Q18 | いうことを聞かない | 5 — 4 — 3 — 2 — 1 |
| Q19 | 視線が合わない | 5 — 4 — 3 — 2 — 1 |
| Q20 | 同じことをしたがる | 5 — 4 — 3 — 2 — 1 |
| Q21 | 先生から離れない | 5 — 4 — 3 — 2 — 1 |
| Q22 | おしゃべり | 5 — 4 — 3 — 2 — 1 |
| Q23 | 一人でしゃべっている | 5 — 4 — 3 — 2 — 1 |

| Q24 | 年長だが，ひらがなが読めない | 5 — 4 — 3 — 2 — 1 |
| Q25 | 心から楽しんで遊んでいない | 5 — 4 — 3 — 2 — 1 |
| Q26 | 風呂に入らない | 5 — 4 — 3 — 2 — 1 |
| Q27 | 自分の物を見せないで隠す | 5 — 4 — 3 — 2 — 1 |
| Q28 | 準備をしない | 5 — 4 — 3 — 2 — 1 |
| Q29 | よく廊下，外に出たがる | 5 — 4 — 3 — 2 — 1 |
| Q30 | 思い通りにならないと怒る，叫ぶ | 5 — 4 — 3 — 2 — 1 |
| Q31 | 眼鏡をかけている | 5 — 4 — 3 — 2 — 1 |
| Q32 | 年齢に比べて幼い | 5 — 4 — 3 — 2 — 1 |
| Q33 | 人に噛み付く | 5 — 4 — 3 — 2 — 1 |
| Q34 | 椅子に座っていられない | 5 — 4 — 3 — 2 — 1 |
| Q35 | 言葉の語彙が少ない | 5 — 4 — 3 — 2 — 1 |
| Q36 | みんなと一緒にいるのを嫌がる | 5 — 4 — 3 — 2 — 1 |
| Q37 | 言葉をはっきりといえない | 5 — 4 — 3 — 2 — 1 |
| Q38 | 常にきょろきょろ目を動かしている | 5 — 4 — 3 — 2 — 1 |
| Q39 | 身長が低い | 5 — 4 — 3 — 2 — 1 |
| Q40 | 物事に対して消極的 | 5 — 4 — 3 — 2 — 1 |
| Q41 | みんなの遊びに参加できない | 5 — 4 — 3 — 2 — 1 |
| Q42 | 一人遊びが多い | 5 — 4 — 3 — 2 — 1 |
| Q43 | 行動が遅い | 5 — 4 — 3 — 2 — 1 |
| Q44 | 自分のスモックを丸めている | 5 — 4 — 3 — 2 — 1 |
| Q45 | 無表情な子ども | 5 — 4 — 3 — 2 — 1 |
| Q46 | 話に一貫性が無い | 5 — 4 — 3 — 2 — 1 |
| Q47 | 言葉が時と場所に合っていない | 5 — 4 — 3 — 2 — 1 |
| Q48 | 同じ質問を繰り返す | 5 — 4 — 3 — 2 — 1 |
| Q49 | 思い通りにならないと泣く | 5 — 4 — 3 — 2 — 1 |
| Q50 | みんなに置いていかれても気にしない | 5 — 4 — 3 — 2 — 1 |
| Q51 | 自分中心で，喧嘩やトラブルを起す | 5 — 4 — 3 — 2 — 1 |
| Q52 | ごっこ遊びができない | 5 — 4 — 3 — 2 — 1 |
| Q53 | どもりがある | 5 — 4 — 3 — 2 — 1 |
| Q54 | 呼ばれても反応が無い | 5 — 4 — 3 — 2 — 1 |
| Q55 | 呼ばれても返事をしない | 5 — 4 — 3 — 2 — 1 |
| Q56 | 衝動的に行動する | 5 — 4 — 3 — 2 — 1 |
| Q57 | 独特の世界をもっている | 5 — 4 — 3 — 2 — 1 |
| Q58 | 円を描くようにずっと走っている | 5 — 4 — 3 — 2 — 1 |
| Q59 | 排泄後にお尻が拭けない | 5 — 4 — 3 — 2 — 1 |
| Q60 | 友達と会話ができない | 5 — 4 — 3 — 2 — 1 |
| Q61 | 手の力が弱い | 5 — 4 — 3 — 2 — 1 |

APPENDIX　161

| Q62 | 納得がいかないと豹変してキレる | 5 — 4 — 3 — 2 — 1 |
| Q63 | 狭い所に隠れる | 5 — 4 — 3 — 2 — 1 |
| Q64 | トイレを安定する場としている | 5 — 4 — 3 — 2 — 1 |
| Q65 | 運動能力が低く，走る，ジャンプするのが難しい | 5 — 4 — 3 — 2 — 1 |
| Q66 | 乱暴で汚い言葉を使う | 5 — 4 — 3 — 2 — 1 |
| Q67 | 人にわざとぶつかる | 5 — 4 — 3 — 2 — 1 |
| Q68 | 誰もいないところで，一人で笑っている | 5 — 4 — 3 — 2 — 1 |
| Q69 | 塗り絵で，黒や紫一色で塗りつぶす | 5 — 4 — 3 — 2 — 1 |
| Q70 | 友達とのかかわりがない | 5 — 4 — 3 — 2 — 1 |

| Q71 | よだれをいつも垂らしている | 5 — 4 — 3 — 2 — 1 |
| Q72 | 順番などに対するこだわりが強い | 5 — 4 — 3 — 2 — 1 |
| Q73 | 担任の名前を忘れる | 5 — 4 — 3 — 2 — 1 |
| Q74 | 自分の世界へ入っている | 5 — 4 — 3 — 2 — 1 |
| Q75 | ほとんど給食を食べない | 5 — 4 — 3 — 2 — 1 |
| Q76 | 外国人で話せる言葉が少ない | 5 — 4 — 3 — 2 — 1 |
| Q77 | 興味がすぐに移りかわる | 5 — 4 — 3 — 2 — 1 |
| Q78 | 体が弱く園を休みがち | 5 — 4 — 3 — 2 — 1 |
| Q79 | 所持品を片付けられない | 5 — 4 — 3 — 2 — 1 |
| Q80 | 赤ちゃん言葉を使う | 5 — 4 — 3 — 2 — 1 |

| Q81 | お昼寝ができない | 5 — 4 — 3 — 2 — 1 |
| Q82 | 言葉で表せず，笑ってごまかす | 5 — 4 — 3 — 2 — 1 |
| Q83 | 人前に出ると黙り込む | 5 — 4 — 3 — 2 — 1 |
| Q84 | 目立ちたがり屋である | 5 — 4 — 3 — 2 — 1 |
| Q85 | 人に譲らずに頑固 | 5 — 4 — 3 — 2 — 1 |
| Q86 | ルールが分からない | 5 — 4 — 3 — 2 — 1 |
| Q87 | 絵本読みの時，自分の場所から離れて前にくる | 5 — 4 — 3 — 2 — 1 |
| Q88 | 製作活動ができない | 5 — 4 — 3 — 2 — 1 |
| Q89 | 砂を口に入れる癖がある | 5 — 4 — 3 — 2 — 1 |
| Q90 | 認知が弱く，ボーっとしている | 5 — 4 — 3 — 2 — 1 |

| Q91 | 靴の裏や窓の桟，ほこりが気になっている | 5 — 4 — 3 — 2 — 1 |
| Q92 | 言葉の最後を濁してしまう | 5 — 4 — 3 — 2 — 1 |
| Q93 | 先生におんぶをせがむ | 5 — 4 — 3 — 2 — 1 |
| Q94 | 先生に抱きつく | 5 — 4 — 3 — 2 — 1 |
| Q95 | 一人でぶつぶつ言って笑っている | 5 — 4 — 3 — 2 — 1 |
| Q96 | はさみを使うときに手が震える | 5 — 4 — 3 — 2 — 1 |
| Q97 | 急に話をし出す | 5 — 4 — 3 — 2 — 1 |
| Q98 | 家ではしゃべるが，園では一言もしゃべらない | 5 — 4 — 3 — 2 — 1 |
| Q99 | 大きな音が苦手 | 5 — 4 — 3 — 2 — 1 |

| Q100 | 言われたことが，なかなかできない | 5 — 4 — 3 — 2 — 1 |
|------|------------------------------------|-------------------|
| Q101 | 同年齢の子と遊ばずに，横になっている | 5 — 4 — 3 — 2 — 1 |
| Q102 | いつものパターンを乱されるのを嫌がる | 5 — 4 — 3 — 2 — 1 |
| Q103 | 集中力が無い | 5 — 4 — 3 — 2 — 1 |
| Q104 | 周りのことばかり気にしすぎる | 5 — 4 — 3 — 2 — 1 |
| Q105 | 一人で騒いでいる | 5 — 4 — 3 — 2 — 1 |
| Q106 | ゲームでは1番にならないと泣く | 5 — 4 — 3 — 2 — 1 |
| Q107 | 着替えを先生が手伝わないとしない | 5 — 4 — 3 — 2 — 1 |
| Q108 | 周りの人や物に対していたずらをする | 5 — 4 — 3 — 2 — 1 |
| Q109 | 箸をうまく使えない | 5 — 4 — 3 — 2 — 1 |
| Q110 | ハンカチで弁当を包むことができない | 5 — 4 — 3 — 2 — 1 |
| Q111 | 自分の所属・居る場所が分からない | 5 — 4 — 3 — 2 — 1 |
| Q112 | みんなと一緒に歌いたがらない | 5 — 4 — 3 — 2 — 1 |
| Q113 | 先生の指示がないと何もできない | 5 — 4 — 3 — 2 — 1 |
| Q114 | 医者を見て，泣いてパニックを起す | 5 — 4 — 3 — 2 — 1 |

APPENDIX    163

## APPENDIX 12    幼稚園教師に対する「気になる子ども」調査

調査日　　　年　　　月　　　日

調査1　「気になる子ども」のチェックリスト

子どものニックネーム（　　　　　　　　　）

「気になる」子どもの様子について教えてください。

1：まったくあてはまらない　2：あまりあてはまらない　3：どちらともいえない
4：よくあてはまる　5：たいへんよくあてはまる

| No. | 子どもの気になる様子 | 該当する数字に○を<br>つけてください |
|-----|------------------|------------------|
| Q 1 | 自分中心で，喧嘩やトラブルを起こす | 1 — 2 — 3 — 4 — 5 |
| Q 2 | 言葉より手足がすぐ出て人を叩く | 1 — 2 — 3 — 4 — 5 |
| Q 3 | 乱暴な振る舞いをする | 1 — 2 — 3 — 4 — 5 |
| Q 4 | 物を叩く，壊す，乱暴に扱う | 1 — 2 — 3 — 4 — 5 |
| Q 5 | 思い通りにならないと怒る，叫ぶ | 1 — 2 — 3 — 4 — 5 |
| Q 6 | 乱暴で汚い言葉を使う | 1 — 2 — 3 — 4 — 5 |
| Q 7 | 納得がいかないと豹変してキレる | 1 — 2 — 3 — 4 — 5 |
| Q 8 | 人にちょっかいを出す | 1 — 2 — 3 — 4 — 5 |
| Q 9 | 周りの人や物に対していたずらをする | 1 — 2 — 3 — 4 — 5 |
| Q10 | 人に譲らず頑固である | 1 — 2 — 3 — 4 — 5 |
| Q11 | 思い通りにならないと泣く | 1 — 2 — 3 — 4 — 5 |
| Q12 | 順番などに対するこだわりが強い | 1 — 2 — 3 — 4 — 5 |
| Q13 | 衝動的に行動する | 1 — 2 — 3 — 4 — 5 |
| Q14 | 言葉を話さない | 1 — 2 — 3 — 4 — 5 |
| Q15 | 友達と会話ができない | 1 — 2 — 3 — 4 — 5 |
| Q16 | 友達とのかかわりがない | 1 — 2 — 3 — 4 — 5 |
| Q17 | 呼ばれても反応がない | 1 — 2 — 3 — 4 — 5 |
| Q18 | あまりしゃべらない | 1 — 2 — 3 — 4 — 5 |
| Q19 | 呼ばれても返事をしない | 1 — 2 — 3 — 4 — 5 |
| Q20 | ほとんど給食を食べない | 1 — 2 — 3 — 4 — 5 |

| Q21 | 製作活動ができない | 1 — 2 — 3 — 4 — 5 |
|---|---|---|
| Q22 | みんなの遊びに参加できない | 1 — 2 — 3 — 4 — 5 |
| Q23 | 話に一貫性が無い | 1 — 2 — 3 — 4 — 5 |
| Q24 | 言葉が時と場所に合っていない | 1 — 2 — 3 — 4 — 5 |
| Q25 | 同じ質問を繰り返す | 1 — 2 — 3 — 4 — 5 |
| Q26 | 自分の世界へ入っている | 1 — 2 — 3 — 4 — 5 |
| Q27 | 話の意味が理解できない | 1 — 2 — 3 — 4 — 5 |
| Q28 | 同じことをしたがる | 1 — 2 — 3 — 4 — 5 |
| Q29 | 独特の世界をもっている | 1 — 2 — 3 — 4 — 5 |
| Q30 | 言われたことが，なかなかできない | 1 — 2 — 3 — 4 — 5 |
| Q31 | 集中力がない | 1 — 2 — 3 — 4 — 5 |
| Q32 | ごっこ遊びができない | 1 — 2 — 3 — 4 — 5 |
| Q33 | 興味がすぐに移り変わる | 1 — 2 — 3 — 4 — 5 |
| Q34 | ルールが分からない | 1 — 2 — 3 — 4 — 5 |
| Q35 | 落ち着きがない | 1 — 2 — 3 — 4 — 5 |
| Q36 | 多動である | 1 — 2 — 3 — 4 — 5 |
| Q37 | みんなと同じ集団活動ができない | 1 — 2 — 3 — 4 — 5 |
| Q38 | 先生や友達の話を聞くことができない | 1 — 2 — 3 — 4 — 5 |
| Q39 | いうことを聞かない | 1 — 2 — 3 — 4 — 5 |
| Q40 | よく廊下，外に出たがる | 1 — 2 — 3 — 4 — 5 |
| Q41 | 椅子に座っていられない | 1 — 2 — 3 — 4 — 5 |
| Q42 | 言葉をはっきりといえない | 1 — 2 — 3 — 4 — 5 |
| Q43 | 友達とのコミュニケーションが苦手である | 1 — 2 — 3 — 4 — 5 |
| Q44 | 一人遊びが多い | 1 — 2 — 3 — 4 — 5 |
| Q45 | 発音がうまくできない | 1 — 2 — 3 — 4 — 5 |
| Q46 | 行動が遅い | 1 — 2 — 3 — 4 — 5 |
| Q47 | 言葉の語彙が少ない | 1 — 2 — 3 — 4 — 5 |
| Q48 | 年齢に比べて幼い | 1 — 2 — 3 — 4 — 5 |

## APPENDIX 13　気になる子どもチェックリスト

| 幼稚園・保育園名： | | | 記入者 | | |
| --- | --- | --- | --- | --- | --- |
| | | | 記入日 | 年　月　日 | |
| 愛称 | | 性別　1男，2女 | 年齢 | 歳　カ月 | |

Q　子どもの行動特徴において，最も当てはまる評定の番号に○をつけてください。

| 5＝たいへんあてはまる　4＝すこしあてはまる　3＝どちらともいえない 2＝あまりあてはまらない　1＝まったくあてはまらない | | 合計点 | 顕著率 50%以上 |
| --- | --- | --- | --- |
| No. | 内容 | | |
| A1 | 納得がいかないと豹変してキレる | 5－4－3－2－1 | |
| A2 | 人に譲らず頑固である | 5－4－3－2－1 | |
| A3 | 自分中心で，喧嘩やトラブルを起こす | 5－4－3－2－1 | |
| A4 | 言葉より手足がすぐ出て人を叩く | 5－4－3－2－1 | |
| A5 | 乱暴な振る舞いをする | 5－4－3－2－1 | |
| A6 | 思い通りにならないと怒る，叫ぶ | 5－4－3－2－1 | /60 　　%|
| A7 | 乱暴で汚い言葉を使う | 5－4－3－2－1 | |
| A8 | 物を叩く，壊す，乱暴に扱う | 5－4－3－2－1 | |
| A9 | 順番などに対するこだわりが強い | 5－4－3－2－1 | |
| A10 | 思い通りにならないと泣く | 5－4－3－2－1 | |
| A11 | 人にちょっかいを出す | 5－4－3－2－1 | |
| A12 | 周りの人や物に対していたずらをする | 5－4－3－2－1 | |
| B1 | 言葉を話さない | 5－4－3－2－1 | |
| B2 | 友達と会話ができない | 5－4－3－2－1 | |
| B3 | あまりしゃべらない | 5－4－3－2－1 | |
| B4 | 言葉をはっきりといえない | 5－4－3－2－1 | /55 　　%|
| B5 | 友達とのかかわりがない | 5－4－3－2－1 | |
| B6 | 友達とのコミュニケーションが苦手である | 5－4－3－2－1 | |
| B7 | 呼ばれても返事をしない | 5－4－3－2－1 | |
| B8 | 周りの人や物に対していたずらをする | 5－4－3－2－1 | |

| | | | | |
|---|---|---|---|---|
| B9 | 言葉の語彙が少ない | 5－4－3－2－1 | | |
| B10 | 呼ばれても反応がない | 5－4－3－2－1 | | |
| B11 | みんなの遊びに参加できない | 5－4－3－2－1 | | |
| C1 | 言葉が時と場所に合っていない | 5－4－3－2－1 | | |
| C2 | 話に一貫性が無い | 5－4－3－2－1 | | |
| C3 | 話の意味が理解できない | 5－4－3－2－1 | | |
| C4 | 自分の世界へ入っている | 5－4－3－2－1 | | |
| C5 | 独特の世界をもっている | 5－4－3－2－1 | | |
| C6 | 同じ質問を繰り返す | 5－4－3－2－1 | /55 | ％ |
| C7 | 言われたことが，なかなかできない | 5－4－3－2－1 | | |
| C8 | ルールが分からない | 5－4－3－2－1 | | |
| C9 | 同じことをしたがる | 5－4－3－2－1 | | |
| C10 | 行動が遅い | 5－4－3－2－1 | | |
| C11 | 年齢に比べて幼い | 5－4－3－2－1 | | |
| D1 | よく廊下，外に出たがる | 5－4－3－2－1 | | |
| D2 | 椅子に座っていられない | 5－4－3－2－1 | | |
| D3 | 落ち着きがない | 5－4－3－2－1 | | |
| D4 | 多動である | 5－4－3－2－1 | | |
| D5 | いうことを聞かない | 5－4－3－2－1 | /40 | ％ |
| D6 | 先生や友達の話を聞くことができない | 5－4－3－2－1 | | |
| D7 | みんなと同じ集団活動ができない | 5－4－3－2－1 | | |
| D8 | 興味がすぐに移り変わる | 5－4－3－2－1 | | |

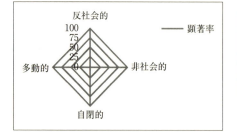

| 気になる行動特徴 | 点数 | 顕著率 |
|---|---|---|
| トラブル（反社会的） | | |
| 非社会的 | | |
| 自閉的 | | |
| 多動的 | | |

＊顕著率50％以上は気になる行動特徴の目安となる

APPENDIX　167

## APPENDIX 14　幼稚園教師に対する「気になる子ども」アンケート調査

平成　　年　月　日

幼稚園長　　様

盛岡大学短期大学部

教　授　嶋　野　重　行

### 「気になる子ども」のアンケート調査についてのお願い（依頼）

　時下，ますますご清祥のこととお喜び申し上げます。日頃より，本学の教育にご理解をいただき感謝申しあげます。

　さて，私は盛岡大学短期大学部幼児教育科において「特別支援保育（障がい児保育）」「社会的養護」などの科目を講義しております教員です。このたび，学術研究にかかわって調査をお願いしたくアンケート用紙を送付させていただきました。この学術研究の趣旨は，幼稚園における「気になる子ども」や「発達障害の子ども」「発達障害が疑われる子ども」「配慮を要する子ども」に対する幼稚園教師のとらえ方とその支援のあり方を探ることです。日常の教育活動をされて誠にご多用とは存じますが，園長先生はじめ教職員の皆様のご理解をいただきご協力を賜りたく存じます。

　なお，特定の個人の情報にかかわる内容ではありませんので，何卒ご協力の程よろしくお願い申しあげます。

記

1　調査の目的

　　幼稚園における「気になる子ども」（発達障害の子どもを含む）に対する教師のとらえ方を明らかにし，支援のあり方を探る。

2　調査対象

　　貴幼稚園で担任（年少組・年中組・年長組など）をお持ちの教師。

　　なお，本調査の「気になる子ども」とは，医療的な診断名がついていなくても担任が「気になっている」子どもは対象とします。発達障害の子ども（LD，ADHD，高機能自閉症など）やそれが疑われる子どもも担任が「気になっている」場合は対象となります。

3　調査期日

　　平成25年6月中旬〜7月中旬

4　調査用紙

　　学級数（正担数）を送付しましたが，不足の場合はコピーをしていただきたいと

存じます。

5　調査結果の取り扱い

　　調査結果は嶋野が責任をもって厳重に管理いたします。また，統計的な処理によって結果をまとめますので，個人が特定されることはありません。貴台および回答いただいた担任や調査対象となった子どもにご迷惑をかけることは一切ありません。

6　回答，返送の締め切りと返送先

　（1）締め切り　平成25年7月31日（水）までに同封の封筒でご返送をお願い致します。

　（2）送付先・問合せ先

　　　　〒020-0183　岩手県滝沢村滝沢字砂込××××

　　　　　　　　　　　　　　　　　　　盛岡大学短期大学部　教授　嶋野重行

　　　　　　　　電話019（688）××××　電子メール××××@morioka-u.ac.jp

7　その他

　　不明な点がございましたら，遠慮なく嶋野までご連絡いただきたいと思います。

APPENDIX　169

## アンケート調査

記入日：平成　　　年　　　月　　　日

　「気になる子ども」（発達障害の子どもを含みます。診断名のない子どもであっても，担当の先生がその行動に「気になる」と感じている場合は，回答の対象となります）を担当している先生にお尋ねします。番号に○をつけてご回答ください。

Q 1　あなた（担当の先生）の教職経験を教えてください。
　　　1．初任〜3年未満　　　2．3年〜5年未満　　　3．5年〜10年未満
　　　4．10年以上

Q 2　あなたの性別を教えてください。
　　　1．男　　2．女

Q 3　あなたの担当している学級を教えてください。
　　　1．年少クラス（3歳児）　2．年中クラス（4歳児）　3．年長クラス（5歳児）
　　　4．満3歳児クラス　　　5．混合クラス　　　6．その他（　　　　　　　）

Q 4　あなたの担当している学級の子どもの人数を教えてください。
　　　1．男（　　　　人）　　2．女（　　　　人）　　3．合計（　　　　人）

Q 5　学級のなかに「気になる子ども」がいますか？
　　　1．いる　　　2．いない

〈Q5で「1．いる」と答えた方にお聞きします。〉
Q 6 - 1　「気になる子ども」の男の子は何人いますか？
　　　0．0人　　1．1人　　2．2人　　3．3人　　4．4人
　　　5．5人以上（　　　　人）
Q 6 - 2　「気になる子ども」の女の子は何人いますか？
　　　0．0人　　1．1人　　2．2人　　3．3人　　4．4人
　　　5．5人以上（　　　　人）

Q7 そのなかで，あなたが一番，「気になる」子どもについて教えてください。

一番，「気になる子ども」は， 1．男 2．女 です。

1．診断名なし 2．診断名あり【 　　　　　　　　　　　　　　　　　】）

3．わからない

一番，「気になる子ども」について，次頁以降の調査1，調査2についてご回答していただきますようにお願いいたします。

Q5で「2．いない」とご回答された方は，ここで終了です。

＊以下，調査用紙にAPENNDIX 10，APENNDIX 12を使用したが，既載したので省く。

## 著者略歴

嶋野重行（しまの　しげゆき）

| | |
|---|---|
| 1959年 | 岩手県二戸市に生まれる |
| 1982年 | 東北福祉大学社会福祉学部社会教育学科卒業 |
| | 岩手県公立特別支援学校講師・教諭 |
| 1989年 | 上越教育大学大学院学校教育研究科生徒指導コース修了。教育学修士 |
| | 岩手県公立特別支援学校教諭 |
| | 岩手大学教育学部附属特別支援学校教諭 |
| | 全日本特別支援教育連合全国大会岩手大会研究部運営委員長 |
| 2006年 | 盛岡大学短期大学部幼児教育科准教授 |
| 2013年 | 盛岡大学短期大学部幼児教育科教授 |
| 2014年 | 盛岡大学附属厨川幼稚園園長（兼任） |
| | 東京成徳大学大学院心理学研究科臨床心理専攻博士後期課程修了。博士（心理学） |
| 2017年 | 盛岡大学短期大学部幼児教育科長・学部長 |
| | 学校法人盛岡大学理事・評議員 |
| 現　在 | 盛岡大学短期大学部幼児教育科教授 |
| | 全国保育士養成協議会東北ブロック理事 |
| | 滝沢市社会教育委員会・議長 |

主な著書

『障害児の授業研究10』（分担執筆）明治図書
『改訂学習指導要領の授業ヒント集②知的障害教育—算数・数学（数量・実務）編』
　　（分担執筆）明治図書
『特別支援教育・保育—理論と実践の統合を求めて—』（単著）博光出版
『改訂子どもの養護—社会的養護の基本と内容—』（分担執筆）建帛社

## 小学校・幼稚園教師の指導態度の研究
### —受容的指導態度と要求的指導態度（AD論）—

2019年6月30日　初版第1刷発行

| | | |
|---|---|---|
| 著　者 | 嶋　野　重　行 | |
| 発行者 | 風　間　敬　子 | |

発行所　株式会社 風　間　書　房

〒101-0051　東京都千代田区神田神保町1-34
電話 03（3291）5729　FAX 03（3291）5757
振替 00110-5-1853

印刷　太平印刷社　製本　高地製本所

©2019　Shigeyuki Shimano　　　　　　　　NDC分類：140
ISBN978-4-7599-2286-8　Printed in Japan

JCOPY 〈（社）出版者著作権管理機構 委託出版物〉
本書の無断複製は，著作権法上での例外を除き禁じられています。複製される場合はそのつど事前に（社）出版者著作権管理機構（電話 03-5244-5088,
FAX 03-5244-5089, e-mail: info@jcopy.or.jp）の許諾を得て下さい。